福建省第二届小学名师培养丛书

洪菲菲 著

思辨式数学课堂

海峡出版发行集团
福建教育出版社

图书在版编目（CIP）数据

思辨式数学课堂/洪菲菲著．—福州：福建教育出版社，2020.12
（福建省第二届小学名师培养丛书）
ISBN 978-7-5334-8871-0

Ⅰ．①思… Ⅱ．①洪… Ⅲ．①小学数学课—教学研究 Ⅳ．①G623.502

中国版本图书馆 CIP 数据核字（2020）第 179469 号

福建省第二届小学名师培养丛书
Sibianshi Shuxue Ketang

思辨式数学课堂

洪菲菲　著

出版发行	福建教育出版社
	（福州市梦山路 27 号　邮编：350025　网址：www.fep.com.cn）
	编辑部电话：0591-83726908　83727542
	发行部电话：0591-83721876　87115073　010-62027445）
出 版 人	江金辉
印　　刷	福州报业鸿升印刷有限责任公司
	（福州市仓山区建新镇建新北路 151 号　邮编：350082）
开　　本	710 毫米×1000 毫米　1/16
印　　张	10.5
字　　数	166 千字
插　　页	2
版　　次	2020 年 12 月第 1 版　2020 年 12 月第 1 次印刷
书　　号	ISBN 978-7-5334-8871-0
定　　价	30.00 元

如发现本书印装质量问题，请向本社出版科（电话：0591-83726019）调换。

总　序

教学主张：教师从优秀走向卓越的专业生长点

教学主张是名师教学的内核和品牌，缺乏教学主张，或者教学主张不鲜明、不坚定，就称不上是真正意义上的名师。无论是名师个体的自我成长还是名师工程的定向培养，主张的提出是关键（前提），主张的研究是核心（中心）。

教学主张是名师的教学思想、教学信念。思想来自于思考，优秀教师在教学实践活动中都会自觉不自觉、有意无意地对相关问题进行思考，并在此基础上产生或形成对教学的一些看法、想法、念头、观点，我们将其统称为教学思考。这些思考不乏是有价值的见解，但总体而言，是相对零散，不够系统的；是相对浅层，不够深度的；是相对模糊，不够清晰的。只有经过理性加工和自我孵化，教学思考才能提升和发展成为教学思想。教学思想是教师对教学问题的系统的、深刻的、清晰的思考和见解，它具有稳定性和统领性。稳定性意味着思想一旦形成，不容易改变；统领性指的是对教学行为的影响力，行为是由思想而生的。

教学主张是名师的"个人理论"，它来自实践又高于实践。理论来自实践，优秀教师在教学实践活动中都会形成和积累一些行之有效的做法、招数、策略、特点、亮点，我们将其统称为教学经验，这是真正原生态、原发性的东西。我们认为，相应的实践经验无疑是促进理论滋生的最有价值的资源，教师的个人理论一定是来自教师个人的实践和经验，但是，由实践到理论，由个人经验到个人理论，这个过程不是自发产生和实现的。名师不仅要有实践意识，而且需要有理论自觉，一方面把自己的经验，把自己的所行、所见、所闻、所得加工、提炼、升华为理论；另一方面，用先进科学的理论反思、批判、充实、引领自己的实践和经验。通过这样的双向互动，把自己的经验要素转化为充满思维和智慧含量、可资借鉴（更具有普适性和启发性）的"理论因子"，从而不断形成和完善自己关于教学的"个人理论"，这就是教学主张的内核。

总之，教学主张引领教师从教学思考走向教学思想，从教学经验走向教学理论，这是教师从优秀走向卓越从而实现自我超越的根本支点。对名师个人而言，提出教学主张就是给自己树立一面旗帜！打造一只"天眼"！大凡成功的、有影响的教学名师和流派均有自己鲜明的、独特的、坚定的教学主张，教学主张是教师走向教育家的必经之路。因此，提出教学主张不仅是名师个人成长的关键环节，也是名师工程培养名师的核心抓手。

名师不仅要敢于、善于提出教学主张，而且还要围绕教学主张系统开展研究，它主要包括以下两个方面：

一、教学主张的理论研究

这一研究类似于学者、专家的学术研究，它使名师研究区别于普通教师的所谓校本研究。理论研究的过程是理论思维的过程，是一种形而上的研究。恩格斯曾经精辟地指出："一个民族想要站在科学的最高峰，就一刻也不能没有理论思维。"中小学名师的教学理论研究就是对自己教学主张的理论论证，它要求教师暂时搁置自己的实践和经验，在理论的高度和轨迹上进行系统和抽象的论证和阐明，从而把自己的教学主张阐明得深刻、清楚、丰富，有逻辑性、有思想性。这个过程对一线的教师是个巨大的挑战，但是名师必须接受这个挑战，并在这个挑战中实现自我突破、自我超越、自我提升，这样才能从普通教师走向教育家。

理论研究的内容和要点主要有：

1. 教学主张的概念和内涵界定。提出一个主张意味着提出一个或若干个概念，理论研究都必须从概念界定开始，概念界定也就是界定概念的内涵和外延。关于概念的界定，有必要强调两点：第一，要基于概念的本意，任何概念都有自己的本质内涵，它是在历史的过程中形成的人类共识，名师的概念解读要以此为出发点和起点。第二，要有自己的新意，名师对教学主张及其概念要是没有自己独特的见解、看法和感悟，那么这个主张及其研究就没有多大的价值和意义。名师一定要善于从不同角度和方面去挖掘、揭示和阐述概念的内涵，这是把教学主张写得丰满和厚实的逻辑前提。

2. 教学主张的理论基础和依据。理论基础是某种主张、某种观点立论的理论依据。任何新主张、新观点都不可能是凭空产生的。名师的教学主张、观点，它的提出和发展同样有其理论基础。教师在提出教学主张的同时，一定要从哲学、认识论、心理学、教育学等学科去寻找其立论的依据。关于理论基础与教学主张的关系，我们要特别强调"有机性"三个字。有机性指两者之间的关系是内在的，不是外加的，就像地基与房屋的联系是一体的而不是拼凑的一样。名师一定要把教学主张的最直接的最核心的理论基础找出来、挖出来，务求准确、简洁、到位，并把两者的内在的逻辑联系揭示清楚，使其成为一个有机的理论体系。

3. 教学主张的具体观点和内容。这是名师研究的中心任务。概念界定和理论基础的寻找只是研究的前奏和起点，教学主张的观点和内容的展开才是研究的重头戏。教师一定要根据教学主张研究的主题、概念内涵和理论基础，从学科教育教学的不同方面和角度去挖掘、构建、提炼教学主张的核心要点，并加以系统阐述，使其成为一个结构和体系。所谓"横看成岭侧成峰，远近高低各不同"，对一个问题要从尽可能多的角度去思考，才能认识更全面、更透彻、更有新意。

二、教学主张的实践研究

这一研究本质上就是中小学教师的行动研究，它使名师研究区别于专家、学者的所谓学术研究。实践研究就是行动研究，是一种形而下的研究。

名师的实践研究的主要内容包括：

1. 教学主张的教材化研究——使教学主张有根有源。教学主张作为名师思想和智慧的结晶，是名师钻研和解读教材的独特视角，是名师发现、挖掘教材新意的探测器。正如尼采所说：有各式各样的"眼睛"，因而有各式各样的"真理"。名师要用主张来统领、解读教材，这是给教材注入、渗透主张、思想、智慧的过程，使教材个性化、生命化；与此同时，不断从教材中挖掘和提炼出体现和反映教学主张的内容和意义出来，使主张变得厚重、丰富，有根有源。

2. 教学主张的教学化研究——使教学主张看得见、摸得着。教学主张不仅要进入教材，还要进入教学。教学主张的教学化研究，简单的说就是要用教学主张作为教学的导向，并将其融入教学实践的每一个"毛孔"，使名师的教学活动"烙上"自己的思想和个性，进而形成自己的风格。著名特级教师于漪说的好："教出自己个性的时候，才是学生收获最大的时候。"而教出风格的时候，才是名师成熟的时候。

3. 教学主张的人格化研究——使教学主张名师化、精神化。教学主张不但要进入教材、进入教学，还要进入教师本人，成为教师人格的一部分和特征。名师的主张不仅通过教材、教学表现出来，还要通过名师自己的生活和为人表现出来，这样才更令人信服。

三年来，我们坚定地要求和不遗余力地指导名师培养人选提炼教学主张并围绕教学主张开展深度的研究，这是我们名师培养工程的主题、主线索、主工作。现在摆在我们面前的一本本专著就是这一研究的代表性成果。三年之前，不仅学员，就连我们名师工程的专家委员，都觉得，这是一项不可能完成的任务。名师就是要做"不可能实现的事情"。我们欣慰地看到，不少名师培养人选通过三年的刻苦努力，实现了专业发展的自我蜕变和自我超越，成为真正意义上的名师了。

作为名师培养工程的一名导师，笔者深深地感到：名师是可以培养的，而培养的法宝就是教学主张。

福建省中小学名师培养工程专家工作委员会　余文森

目　录

前　言 …………………………………………………………………… 1

第一章　"思辨数学"教学主张 ………………………………………… 1
　　第一节　"思辨数学"教学主张提出的背景 ……………………… 1
　　第二节　"思辨数学"教学主张的概念界定 ……………………… 4
　　第三节　"思辨数学"的"三度"底色 …………………………… 12
　　第四节　"思辨数学"课堂的构建策略 …………………………… 23

第二章　"思辨数学"教学课例 ………………………………………… 31
　　第一节　具体到抽象，在思辨中构建概念
　　　　　　——以"认识小数"教学为例 ………………………… 31
　　第二节　对比与辨析，在思辨中走向纵深
　　　　　　——以"分数的初步认识"教学为例 ………………… 46
　　第三节　主线与重点，在思辨中得以凸显
　　　　　　——以"平均数"教学为例 …………………………… 55
　　第四节　算理和算法，在思辨中形成整体
　　　　　　——以"口算乘法"教学为例 ………………………… 68
　　第五节　需求与要求，在思辨中和谐统一
　　　　　　——以"平行与垂直"教学为例 ……………………… 83
　　第六节　模糊到清晰，在思辨中直达本质
　　　　　　——以"三角形的特性"教学为例 …………………… 93
　　第七节　经验中拔节，在思辨中实现提升
　　　　　　——以"长方形和正方形的认识"教学为例 ………… 104
　　第八节　生活与数学，在思辨中无缝衔接
　　　　　　——以"24时计时法"教学为例 …………………… 117

第九节　操作与想象，在思辨中发展思维
　　　　　　——以"探索图形"教学为例 …………………… 128
　　第十节　表象到实质，在思辨中触碰核心
　　　　　　——以"3 的倍数特征"教学为例 ………………… 137

第三章　我的成长故事 ……………………………………… 145
　　教学路上的三次"转变" ……………………………………… 145
　　成长没有捷径 ………………………………………………… 149
　　"40 分钟"的背后 ……………………………………………… 152

后记 …………………………………………………………… 157

前　言

2017年，我被确定为福建省第二届中小学教学名师培养对象，参加了为期三年的研修培训。在导师的指导下，我梳理了20年的教学工作经验，努力探寻自己的教学特色和实践经验，提出了"思辨数学"的教学主张。

"致用"和"思辨"，是数学教学的两个价值取向。以往的教学中，我们往往很重视引导学生"用数学"，引导学生运用所学的知识解决问题，重视学生在解题技巧方面的掌握，而忽略了数学在培养人方面的独特作用，即数学思维的培养。当前的数学学习中，学生经常靠"刷题"得高分，但"刷题"会让学生陷入套用的误区，使得学生思维僵化，不能适应各种灵活变式的情境，不利于学生数学思维的发展。要真正发展学生的数学核心素养，必须以培养学生数学思维为抓手。

思辨的数学课堂，就是以发展学生数学思维为导向的课堂。在重视数学知识技能习得的同时，更重视在学习过程中发展学生的数学思维，使学生得到更深层次的提升。在这本书中，我表达了自己对"思辨数学"的理解，并列举了自己曾执教的10节课例，对"思辨数学"进行全面的阐释。既有理论上的提炼，也有生动翔实的教学案例，使"思辨数学"的教学主张更加丰满和立体。

20年的教学实践中，我不停思考、不断尝试，既有成功的体验，也有失败的教训。这些教学行为的背后，带着自己碎片化的思考。只是一节课一节课的展示当中，我并没有意识到这些思考的价值，没有体会到这些碎片化思考之下隐藏的一条主线。当回望总结的时候，我发现这一路走来，自己一直在践行"以发展学生思维"为旨归的教学理念。在参加福建省教学名师培训的过程中，经过导师的点拨和梳理，我对自己所践行的教学主张逐渐明朗，更加笃定。这本书的撰写，就是对自己过往教学经验的提炼、提升，是自己教学路上的一个里程碑，一个新的起点。

教学主张的提出，需要长期的思考与实践，也需要经历一个不断淬炼、提取的过程。虽然，我努力去梳理和总结，但由于个人水平原因，难免有疏失和不足，有待于今后进一步完善。期待着翻阅这本书的读者，能够从中得到一些启示，也期待着得到读者们的建议和反馈。

第一章 "思辨数学"教学主张

第一节 "思辨数学"教学主张提出的背景

一、实践背景

自课程改革实施以来，数学课堂一改往日重知识轻能力、重灌输轻自主的倾向，呈现了更加开放、活泼的教学样态。尤其在《义务教育数学课程标准（2011年版）》颁布之后，教师们除了重视学生基础知识、基本技能的掌握之外，也重视学生数学基本活动经验的积累和数学思想方法的渗透，更加关注数学教学的多元价值，力图让学生们在数学学习过程中，能获更多适应未来生活的必备品格和关键能力。相较课改之前的数学教学，现在的数学课堂价值取向更加多元，呈现百花齐放的景象，然而细细探究不难发现当前的数学课堂教学仍然存在着以下两种误区。

1. 数学教育教学：重致用，轻思辨，缺失人文性

"我们为什么学数学"，对于这个问题，不同的人有不同的理解和解答。不少数学教师经常以"学数学，用数学"来教育学生，强调了数学知识在生活中的广泛应用和不可或缺。然而，数学的价值并不全在应用上，而是丰富的、多元的。教师如果忽略了数学知识的人文价值，就容易造成数学教学的缺失，造成学生个体发展的不均衡、不全面。

现在教材中知识点的教学编排都放在丰富的背景资料里，蕴含着丰富的育人价值。可惜的是，一些教师在教学时，对背景资料里传递的育人价值视而不见，主动屏蔽情境，直奔知识点教学。看似简洁高效，其实是对教育价值认知的失衡，是对数学学科人文性的漠视。例如，在教学"分段计费"这节课时，不少教师强调了分段计费的计算方法，重视分段计费解题模型的建构，并且出示了不同的题型让学生进行巩固练习，这无可厚非。但是，学生仅仅学会如何计算分段计费的题目是不够的，教师可以引导学生思考"为什么生活中要进行分段计费"。通过对水费、电费等领域的分段计费方法的思考和分析，学生们发现，在一定额度内水和电的单价是比较便宜的，超过一定额度单价就会高出不少。通过分段计费的调控，可以有效地引导人们节约用水用电，从而节约能源，爱护环境，保护地球。通过对分段计费原因的分析，学生们不仅认识到这是一种生活中常用的计费方法，而且体会到了数学知识对社会生活的调控和引导，并且渗透了节约用水、用电的思想教育。通过对数学知识的延展，学生不仅体会到了数学在生活中的应用，而且体会到了数学的人文价值。

可惜的是，许多数学教师往往关注到数学知识技能的教学，对于数学知识所链接的背景视而不见，对数学的思辨价值有所忽略和轻视，这不得不说是一种遗憾。

2. 数学思维培养：重局部，轻整体，缺失系统性

数学是思维的体操。培养学生的思维能力是数学学科最为重要的教学目标之一，数学思维的培养，也是数学学科人文价值的重要体现。虽然教师们一定程度上重视了在知识技能的教学中培养学生的思维能力，但总体来看，对学生思维能力的培养散落在各个知识点的教学之中，难以形成体系，难以使学生的思维发展形成系统。换言之，教师对学生思维培养的认识还比较片面、比较零散，反映在课堂教学中也呈现出了零敲碎打的状态。数学思维具有许多显著特点，其培养应当有指向性和系统性。教师只有对数学思维进行较为深入地学习和研究，才能更加充分地挖掘教材中的思维培养因子，并且在数学教学中一以贯之，使学生的数学思维得到系统的培养。

二、理论背景

1. 思辨与致用——数学教学的价值取向

在人们的惯常思维中，致用与思辨是两种相互对立的价值取向，分别彰显于不同的数学范畴之中。"应用数学"是致用取向的，"纯数学"是思辨取向的。尽管致用和思辨表征着不同的两种价值取向，但两者之间并非相互排斥，而是相互联系、相互渗透、辩证统一的。从发生学的角度来看，人类最初是以实用性为主，随着经验的日积月累，思辨理性从实用性中分化出来并逐渐获得独立存在。因此，实用性是思辨理性的基础；而思辨理性以对物质性思维的超越而彰显出更高级的实用性，从而对实用性具有深刻的指导作用。同时，两者在数学学习活动中常常相互联系，彼此交织在一起。"获得任何一种东西有两种价值，作为知识的价值和作为训练的价值。获得每一种事实的知识，除了用以指导行为外，也可以用来练习心智，应该从这两个方面来考虑它在为完满生活做准备时的效果。"因此两者之间在一定条件下可以相互转化。思辨性质的数学可以转化为普适性的实用技术，而实用性知识的学习也可以升华为精神层面的享受——通过揭示数学事实和现象背后所蕴含的数学原理，带给学生纯粹的智慧的快乐和洞察"未知世界"奥秘的成就感和价值感。

致用和思辨是数学教学的两种价值取向，且相互依存，相互转化。我们既要看到显性的实用价值，更要关注隐性的思辨价值，两者不可偏废，不可忽略。

2. 提升思辨力——核心素养的主要落脚点

自 2014 年教育部正式印发《关于全面深化课程改革，落实立德树人根本任务的意见》以来，"核心素养"成了教育教学工作中的一个热点词汇。我们将教育教学的最终落脚点，归结在培养学生的核心素养上。新的高中数学课程标准发布之后，明确了高中数学教学的六大核心素养，即数学抽象、逻辑推理、数学建模、直观想象、数学运算和数据分析。关于小学数学的核心素养，当前不同专家说法不一，莫衷一是。有研究者指出，小学阶段的数学核心素养，不妨从数感、符号意识、空间观念、几何直观、数据分析观念、运算能力、推理能力、模型思想、应用意识和创新意识这十大核心词出发，通过十大核心词的落实，推动数学核心素养的发展。亦有学者在此基础上将十大核心词提炼为运算能力、空间观念、数据分析观念、推理能力、模型思想，使其更凸显"核心"的味道。课程标准制定组组长史宁中教授则更加概括地提出，可以从抽象能力、推理能力、模型思想三个维度，对核心素养作出界定。种种尝试，由十到五，再到三，展现了大家对核心素养之核心价值的追求。

一定层面上来说，数学核心素养最终应当体现在数学思维能力的发展上。思维是人的一种高级的心理活动形式。数学思维也就是人们通常所指的数学思维能力，即能用数学的观点去思考问题和解决问题的能力。思维作为一种能力和品质，作为人的智力的核心，它是人的智慧的集中体现。在培养学生的过程中，使学生学会生存也好，学会关心、学会学习也好，只有学会思维，学会创造性地思维才是最核心和最首要的。因此，提升学生的思辨力，即提升学生的数学思维能力，是数学核心素养的主要落脚点。

3. 体现人文性——数学教学的重要诉求

语文学科的性质是工具性和人文性，类推到数学学科亦是如此。数学知识不仅可以具有"工具性"，可以解决生活中的一些问题，同时也具有人文性，肩负着培养人、发展人的任务。不仅教材中数学知识技能所依附的背景知识具有很强的教育意义，值得教师去挖掘和渗透，而且知识技能背后所潜藏的思想方法、思维训练点等，更是教师不能忽略的教学点。事实上，浩瀚的数学海洋中，用于解决生活问题的数学知识只是冰山一角。正是看不见的"思想方法的渗透、思维能力的培养"等，才能真正让学生受益终身。数学的人文性，应当成为数学教学的重要诉求。

第二节 "思辨数学"教学主张的概念界定

一、"思辨"的原始释义

"思辨"一词，在《辞海》中解释为脱离经验和实践，仅运用逻辑的推导做纯理论的思考。在百度词条中，思辨另有思考辨析之意。

二、"思辨"的意义阐释

在数学教学中，思辨是一种价值取向。思辨的数学课堂，在强调数学知识致用价值的同时，更强调数学思维能力的培养，以学生数学思维能力的发展来推动学生核心素养的提升。

1. 思——数学思维的提升与发展

学生学习数学,离不开思维的积极参与。事实上,学生的数学思维越活跃,越积极,越缜密,则数学学习效果越好。思辨的数学课堂,强调了学习过程中学生思维的积极参与,重视了在学习过程中对学生思维的培养,力图打造以思维培养为导向的课堂教学,从而有效提升学生的数学核心素养。

数学思维的培养,应当贯穿在课堂教学的始终。课始,要提出具有思维含量的"大问题",引导学生展开数学探索之旅;课中,教师要循着学生的思维,在关键处点拨引导,将学生的思维引向深入;课末,不仅要引导学生对知识点进行梳理,更要对思考过程进行回顾。在学生经历了数学思考的脑力激荡之后,教师有必要在课的最后引导学生冷静思考,对学习的全过程进行梳理。没有沉思的课堂,可能让精彩的思维火花"昙花一现",难以形成稳定的思维品质,课的最后,有意识地培养学生回顾反思的学习习惯,有助于学生数学思维的进一步提升。课外,要引导学生结合教学内容进行课内知识的延伸思考。学生的数学思考没有边界,不要因为下课铃响而终止学生思维的步伐,教师可以布置一些课外思考的问题,供学生在课后进一步拓展,达到"课已尽而思不止"的效果。

2. 辨——理性思维的应用与体现

在数学学习过程中,辨析是重要的学习方法。辨析是对数学现象的察觉、分辨、剖析、鉴定,是数学理性思维的应用与体现。通过辨析,可以有效厘清学生新知学习中的认知盲区、误区,提升学习质量,同时,还能提高学生的辨析能力、表达能力等,促进其数学素养的提升。

课堂上,我们不能"为辨而辨",而要辨得有必要,辨得有缘由。教师应激发起学生辨析的内在需要,才能达到良好的效果。教师应当准确把握辨析点,准确把握辨析时机,引导学生开展深入的辨析活动。要辨在疑惑处。在学习过程中,学生由于学习品质和惯性思维的影响,导致在学习初期就误入了歧途,这时,单纯依靠正面示范和反复练习进行纠正,效果并不理想。教师应当让学生经历一个"自我否定"的过程,用辨析的方式,促使双方在思维碰撞和自我反省的过程中,感悟知识的来龙去脉。要辨在重点处。有些学生在学习时,由于认知不完整,在重难点的自主建构时容易出现以偏概全的现象。通过开展辨析活动,有助于学生在讨论的过程中,厘清重点知识的学习中出现的含混不清的部分，帮助学生牢固正确地掌握新知。要辨在易错处。在学生的学习过程中，容易出现一些特别易错的内容和题目，这正是组织学生开展辨析的好时机。

三、"思"与"辨"的内在联系

长期以来，一线教师重视数学教学的致用价值，强调数学与生活的密切联系，重视引导学生应用数学知识解决实际问题，却忽视了数学教学中学生思辨能力的培养。思辨既是数学教学重要的价值取向，也是学生不可或缺的学习方法。

1. 以"思"促"辨"

"辨"是"思"的外化，"思"是"辨"的根基。思考愈加深入，则辨析愈加有质量。要提高辨析的精度和价值，教师就要在教学中引发学生深度思考。细致缜密的思考过后，学生的辨析往往更加精彩。反之，如果学生没有经过深入思考，随意发表见解，常常会走入越辨越迷糊的糟糕境地。教师在学生辨析讨论时，要善于引发学生思考，让思考成为学生辨析的有力支撑。

如，在教学"倍的认识"时，教师可在课堂上设计以下教学环节，引导学生思考和辨析。

师：同学们，你们看，梨的数量是苹果的几倍呢？（如下图）

生：梨的数量是苹果的2倍。因为苹果有2个，梨有4个，也就是2个2，所以梨的数量是苹果的2倍。

师：如果拿走两个梨（如下图），现在，梨的数量是苹果的几倍呢？

生₁：现在梨和苹果一样多，不能说谁是谁的几倍了。

生₂：我觉得现在梨是苹果的1倍。

师：同学们，两个同学意见不同，你们同意谁的说法呢？今天我们学习了"倍"，想一想倍的含义，再思考一下这两个同学谁说的更有道理。

生₃：我觉得生₁说的有道理。这是两个数量在比较，现在两个数量一样多，不能说谁是谁的几倍。

生₄：一样多也存在着"倍"的关系啊！苹果有2个，把2个看成1份，梨的数量也是2个，也就是1个2，所以梨的数量是苹果的1倍。我们还可以反过来说，苹果的数量是梨的1倍。

生₅：我觉得生₄说的对，梨的数量是苹果的1倍，也就是说梨的数量和苹果一样多。

在学习"倍的认识"之前，学生已经有了比较丰富的"比"的经验，只不过以前接触的都是"比多比少"。由于比较数量多少的经验丰富，学生会产生一个认知误区：只有数量有多有少才能比出结果。在学习"倍的认识"时，部分学生受到前面学习经验的影响，认为只有数量之间存在差异，才有两个数量之间的倍数关系。此外，受生活中的感性经验影响，小学生一般认为A是B的几倍，A就比B大，而且几倍常常是大于1的整数。可见，生活中的"倍"与本课学习的"倍"的核心内容重合，但其概念表象对学生而言并不一样。当学生出现这样的认知困惑时，教师如果没有在学生的思维困惑处进行点拨，学生就难以调整这种错误认知。要使接下去的辨析有意义、有价值，教师要引导学生在关键处深入思考，厘清生活概念与数学概念的区别，同时沟通"比多少"和学习"倍"之间的联系。具体而言，教师要引导学生深入思考，在辩论中明白以下内容：（1）无论是生活中说的"几倍"还是数学课中学习的"几倍"，都是相对于某个作为参考的数量而言的。在生活中特定情境下，人们一般不刻意强调这个作为比较的标准量，但数学中一定要明确这个比较的标准量，而且将其作为单倍量。（2）无论是研究"比多少"还是"倍数"，都是将一个量与另一个量比较。不同的是，"比多少"时，更多关注绝对数值的相差关系，得出的仍然是与两个性质相同的数量；而研究"倍数"时，通常将较小的一个量看作整体1（单位量），比出的结果是其中一个量有几个单位量那么多。（3）两个量相同，则可以互相称其中一个量是另一个量的1倍。这样的引导，能让学生抓住"倍的意义"这一关键点进行思辨，进而突破思维困惑，形成清晰的认知：学习倍数时，要将被比较对象看作整体，看作1份。

"思"是"辨"的重要前提和根基。思考准确深入，辨析才能产生效果，达到厘清错误认知、建构正确概念的目的。

2. 以"辨"明"思"

高质量的辨析离不开细致的思考，而学生的思考亦是一个不断深入的过程。学生在思考中进行辨析，在辨析过程中又不断地纠偏和完善思考，使思考愈加深入和准确。教师在学生的辨析讨论过程中，要适当进行点拨引导，让学生找到进一步思考的增长点，以辨析深化思维的发展。

如，学生在学习"平行四边形的面积"这一节课时，常常受长方形面积公式的迁移影响，造成错误认知，对平行四边形面积公式产生困惑。针对学生的认知盲点，教师要组织学生进行辨析活动，以帮助学生明晰思路，纠偏错误。

生$_1$：长方形的面积用长乘宽计算，我觉得平行四边形的面积应该用底乘斜边来计算。

生$_2$：我觉得不对，应该是底乘高。

师：两位同学的观点各不相同，到底谁的猜测更有道理呢？请同学们都想一想，发表一下自己的看法。

生$_3$：我赞成第一个同学的想法。长方形是特殊的平行四边形，现在只是把长方形拉了拉。因为长方形的面积是长乘宽，所以我觉得平行四边形的面积就是底乘斜边。

生$_4$：我来举一个例子，你们瞧［如下图（1）］。这个长方形长是5厘米，宽是3厘米。长5厘米表示一行有5个边长为1厘米的正方形，宽3厘米表示有3行这样的正方形，5×3表示这个大长方形中有15个边长为1厘米的正方形，因此面积是15平方厘米。现在我把这个长方形拉一拉［如下图（2）］，5×3表示这个大平行四边形中有15个边长为1厘米的小平行四边形。可见，在平行四边形中，底乘斜边得到的不是面积，而是有多少个边长为1的小平行四边形。

(1)　　　　　　(2)

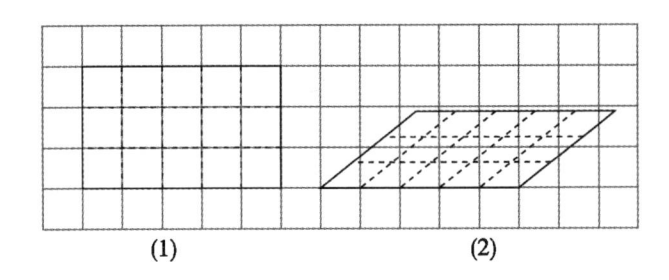

生₃：我注意到，刚才的演示中，边长为1厘米的小平行四边形的面积没有1平方厘米，因此原来的平行四边形的面积和长方形比已经变小了，我们不能用底乘斜边来计算里面这些面积单位的数量。

师：同学们的讨论很精彩。平行四边形和长方形有着很密切的关系。将长方形拉成平行四边形，不仅图形的形状变了，图形里面积单位的数量也变少了。通过割补，我们可以将平行四边形转化成长方形再计算面积。

学生在学习平行四边形面积计算时，受"长方形是特殊的平行四边形"以及"长方形面积等于长乘宽"的知识迁移影响，有些学生认为平行四边形面积应该用底乘斜边。这部分学生只关注到图形变化过程中四条边的长度不变，忽略了图形面积的变化。怎样纠偏学生的错误认知呢？教师的强行干预不如学生自行辨析的效果好。在上述教学片段中，持不同意见的学生之间开展了热烈的辩论。如果学生只看到拉动长方形的过程中图形面积发生了变化，那么其思考还停留在表层，对于两种图形面积的计算方法之间的联系和区别缺乏体会和感悟。学生在辩论中结合图形直观展开阐述，意识到5×3在长方形和平行四边形中都有着具象意义，在这两种图形中的具象意义既有其相同性（都表示有多少个小图形），又有其显著差异性（边长为1的小正方形刚好是单位面积，而边长为1的平行四边形不具备这种特点）。这样，学生不仅知道用"底乘斜边"计算平行四边形的面积的错误之处，还了解了其图形意义。正是学生之间的相互辨析，相互补充，使得他们的思考愈发深入，再次深刻揭示面积的意义内涵这一本质。

辨析让学生原来的错误认知得到纠正，模糊的思考更加明晰。

3. "思""辨"互促

"思"与"辨"有着天然的、密不可分的联系。"思"向内，是人们对于新输入信息与脑内存储知识经验之间进行一系列复杂的心智操作过程，是内在的心理活动；"辨"向外，是指用语言、符号等形式将思维过程外化，说明是非或争论真假，以达到对知识的准确深刻的掌握。在学习过程中，"思"与"辨"总是彼此支撑，相互促进，螺旋上升，贯穿学生学习的全过程。教师要营造思辨的氛围，提出具有思辨意义的问题，促进学生内思外辨，让学生在思考与辨析之中碰撞出思维的火花。

如，在教学"分数的初步认识"这节课时，为了帮助学生进一步厘清对分数意义的理解，我设计了如下习题，引发学生的思辨。

师：同学们请看，右图中的涂色部分是这个长方形的四分之一吗？

学生思考，讨论。

生$_1$：我觉得不是，因为四分之一是指把一个图形平均分成四份，取其中的一份。这个长方形虽然分成了四份，但是每一份有大有小，没有平均分，所以我认为涂色的部分不是长方形的四分之一。

生$_2$：我觉得是。虽然这个长方形没有平均分成四份，但是涂色的部分就是把长方形平均分成四份之后其中一份的大小。所以，我觉得涂色部分是这个长方形的四分之一。

师：两个同学有不同的意见，大家觉得谁说的有道理呢？

学生思考，发表意见。

生$_3$：我同意第二个同学的看法。如果把这个长方形平均分成四份，其中一份就是涂色部分。我们不能被其他线段所干扰，最重要的还是看涂色部分和整个长方形之间的关系。

生$_4$：我认为不能光用看的，得验证一下。（教师提供学具，学生验证）你们看，我把这个长方形平均分成了四份，其中一份刚好是涂色部分的大小。

生$_5$：我想通过量一量，看看涂色部分的宽是不是整个长方形的长的四分之一，也可以进行判断。

师：同学们，这两位同学说得有道理吗？图里另外三份中的每一份也是这个长方形的四分之一吗？

生：肯定不是。这三份有的比长方形的四分之一大，有的比长方形的四分之一小。

师：需要验证吗？

生₆：不用。通过估测，已经能看出这三份都不是这个长方形的四分之一了。

师：通过刚才的讨论，同学们对于四分之一有了更加深刻的理解。你们排除了"表面上图形没有平均分"的干扰，看到了涂色部分和整个长方形面积的关系，从而正确地判断出了四分之一。

在这个教学片段中，一个具有思辨价值的问题，引发了学生的思考与讨论。学生在判断几分之一时，总是以"是否把图形进行平均分"作为重要的判断标准，这主要受分数意义——"把单位'1'平均分成若干份，表示其中一份或几份的数叫做分数"的影响。然而，概念中的"平均分"是指部分与整体之间的等分关系，而并非指"看得见"的"平均分"。这道题的设计，将表面的"不平均分"和实质上的"平均分"糅杂在一起，从而产生了较强的思辨价值。学生在辨析涂色部分是不是长方形的四分之一时，要调用原有的对分数意义的认识进行思考，摒弃原有的"形式上的平均分"的影响，用不同的方式对自己的判断进行验证。学生用折或量的方法，通过实践操作和辩论等方式，证明了涂色部分是长方形面积的四分之一。在辨析的过程中，学生对分数意义的理解从形式、直观上的"平均分"走向了内在的、抽象的"平均分"，对分数的意义有了更加准确深刻的认识。教师在学生辨析之后，进一步启思：图里其他三份是不是也是长方形的四分之一，是不是也需要验证呢？是怎么一眼看出来的？通过进一步深化学生的思考，使分数的意义在学生的脑海里深刻建构。

在上述教学片段中，学生的"思"与"辨"始终交织着进行。学生调用原有认知进行思考，并将思考过程通过语言进行外化，在辨析中进一步梳理了思路，明晰了认识。

思辨既是数学教学的价值取向之一，也是数学学习中重要的学习方法。思与辨是不可分割的整体。以思促辨，以辨明思，思辨交融，共同推动着数学学习不断走向深入。学生的数学素养在思考与辨析中也必将得到显著提升。

第三节 "思辨数学"的"三度"底色

"思维，是人脑对客观事物的一种概括的、间接的反映，是客观事物的本质和规律的反映。换句话说，它是人脑对客观事物的本质和事物内在的规律性关系的概括与间接的反映。"[1] 思辨式的数学课堂，在重视知识技能的学习与掌握的同时，更加重视学生数学思维的培养，力图通过精心设计教学环节，科学实施教学活动，提升学生的思维品质。关于思维品质特点的研究成果已有不少，笔者认为在数学教育教学中培养学生品质，宜把握好"三度"：一是拓展思维的广阔度，使学生发散性思考，注重横向拓展，探寻多种问题解决思路，并逐步提高思考问题的全面性和系统性；二是挖掘思维的深刻度，使学生能够透过现象看到数学本质，敢于质疑、批判，提出创造性的见解和思路；三是提升思维的敏捷度，使学生能够快速地思考和判断，能做到具体问题具体分析，能不断调整、完善解决问题的方案。

一、拓展思维的广阔度

过往的数学教学曾经出现一种倾向，为了提高正确率而追求"整齐划一"的答案，导致学生思维的僵化和局限，对发展学生思维极为不利。思辨式的数学课堂，鼓励学生在学习中开拓思维，从不同的角度思考问题，得出多种解题思路和方法；鼓励学生善于发现和寻找知识的联结点，能够更加系统全面地整理和运用知识，从更广阔的视角来看待学过的知识，拓展思维的广阔度。

1. 思维的广阔度体现在多向性

思维的多向性是指从不同角度、不同方向、不同层次进行多方面的思维判断，从而形成解决问题的多种思路、多种方法、多种方案，进而为决策选择打下良好的基础。能够摆脱定势思维的桎梏，多个方向、多个维度思考问题，寻找更多的解题思路，这无疑能够拓展思维的广度。思辨式的数学课堂，强调了教学中的多向思维，帮助学生多个角度思考问题，不断扩展思维的

---

[1] 朱智贤，林崇德. 思维发展心理学 [M]. 北京：北京师范大学出版社，1986：7.

边界。

例如，人教版五年级下册"探索图形"这节课，学生需要通过观察、操作、讨论等方式，自主探究"大正方体表面涂色之后三面涂色、两面涂色、一面涂色和没有涂色的小正方体的个数"的问题。

师：在棱长为4的大正方体（如右图）中，四类小正方体各有多少个呢？

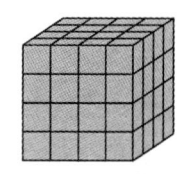

生$_1$：三面涂色的小正方体在顶点的位置，有8个；两面涂色的小正方体在棱的位置，$2\times12=24$，有24个；一面涂色的小正方体在每个面的中间，$4\times6=24$个；没有涂色的小正方体在大正方体的内部，有4个。

生$_2$：三面涂色、两面涂色和一面涂色的个数，我同意生$_1$的说法。但没有涂色的小正方体，我认为是8个。

师：外面涂色的小正方体，我们都看得清楚。里面没有涂色的小正方体看不见，有点难住大家了。到底是多少个呢？请同学们都来说说你们的意见。

生$_3$：我觉得里面没有涂色的小正方体，组成的仍然是一个正方体的形状。我叫它"中正方体"。大正方体的棱长是4，里面没有涂色的"中正方体"的棱长是2。所以，里面没有涂色的小正方体有$2^3=8$个。

师：你们同意吗？我觉得生$_3$的空间想象能力特别好，不仅想象出了大正方体内部的形状，而且说的有理有据。

生$_4$：我还有不同的方法，也可以算出没有涂色的小正方体的个数。大正方体的总个数是$4^3=64$个，用总数减去三类小正方体的个数，也可以求出没有涂色的小正方体的个数。也就是$64-8-24-24=8$个。

师：用小正方体的总个数减去外面一层涂色的小正方体的个数，就能得到没有涂色的小正方体的个数。这个方法是不是也很巧妙？生$_3$直接从想象内部形状入手去思考，生$_4$用减的思路去解决，都是很棒的方法。遇到问题，能从不同的角度去思考，这是很好的思考习惯，也是一种能力。

数学问题的解决往往不止一种途径，遇到问题百思不得其解时，换个角度思考就变得"柳暗花明"。在教学中，教师要引导学生多向思维，从不同角度思考问题，拓展思维的广阔度，提升学生的思维品质。在上述教学片段中，针对"内部的小正方体"这一难点，教师没有过多干预和引导，而是在学生产生异议的时候,组织学生进行思考和辩论。学生从不同的角度去思考这个问题,有的从内部想,有的从外部想,都很好地解决了这个问题。多向思考,开阔了学生思维的广度,让学生体验到了学习的乐趣。

2. 思维的广阔度体现在系统性

思辨课堂着力扩展思维的广阔度,鼓励学生进行多向思考。学生的思维虽然发散了、扩展了,但并不零散。相反的,在发散思维的同时,要帮助学生厘清不同方法、不同思考之间的密切联系,使数学思维呈现系统性。系统思维是人们运用系统观点,把对象互相联系的各个方面进行系统认识的一种思维方法。站在整体认知的视角来学习,能使学生的思维更加广阔。思辨式的数学课堂,重视对数学知识、数学方法之间的联系进行梳理和总结,使学生的思维呈现系统性,进而提升学生的思维品质。

例如,在教学三年级上册"口算乘法"这节课时,教师出示了"$12×3$"这道题目,让学生尝试进行计算。学生在独立思考和小组交流之后,教师组织学生进行汇报。

生$_1$:我用摆小棒的方法(如右图)。大家看,这里整捆的小棒有3捆,单根的小棒用$2×3$,一共有6根。合起来一共是36根。

生$_2$:我用画图的方法,也算出了一共是36根。

生$_3$:我是把12分成10和2(画导图)。$10×3=30$,$2×3=6$,$30+6=36$。

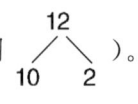

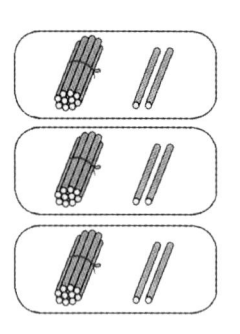

生$_4$:我用两句口诀算出了这道题的得数,十位上"一三得三"、个位上"二三得六",合起来就是36。

师:同学们用不同的方法都算出了这道题的得数,这些方法有什么相同的地方和不同的地方吗?

生$_5$:他们都把12分成了10和2,然后分别和3相乘,最后再把得数加起来。

生$_6$:有的同学用摆小棒的方法,看起来很清楚,也很好算。但我们不能总是摆小棒,这样太麻烦了。

生$_7$:我觉得后面两个同学的方法好一些,特别是最后一个同学的方法,很快就能算出得数。

师：有些同学用摆小棒、画图的方法，理解了其中计算的道理；有些同学用"分—算—合"的方法在心里计算，很快就算出了得数。这些同学计算的道理都是一样的。但在理解了算理之后，我们可以用更加简单的方法进行计算。

在计算教学中，学生对同一道计算题，经常能找出各种不同的计算方法，这很好地体现了学生思维的多向性。学生虽然能够自主找到计算方法并很快计算出得数，但这还不够。教师的引导作用就在于要帮助学生找出不同算法之间的联系，找出其背后的"隐线"。在上述教学片段中，学生用了不同的方法进行计算。看似方法不同，其实背后都蕴含着"分—算—合"的计算路径，是乘法分配律在口算中的运用。摆小棒属于"实物操作"层面，其意义在于直观认识口算乘法的算理，符合学生认知以"直观思维"为主的特性。画图相较于实物操作来说，具有一定的思维提升，学生用"图示"的方式辅助思考，虽然还处于半直观阶段，但已经具备了较好的抽象的意识。用导图辅助思考的方式，相较于直观操作和图示来说，已经具备了较高的抽象性。它是学生将直观图示转化为数学语言的载体，能够帮助学生在头脑里较好地完成计算的过程。而用两句口诀计算出得数，则是导图思维的进一步简化，是思维发展的较高级阶段，它使学生能够实现"脱口而出"的计算效果。学生想到的四种方法，正是"口算乘法"由直观操作走向算理理解，最终达到快速心算的过程。这是学生认知的发展过程，也是学生对数学知识的理解由直观走向抽象的过程，四种方法之间有着渐次递进的关系，是成体系、有联系的。教师在学生汇报之后，引导学生分析不同方法之间的异同，厘清不同方法之间的关系，有助于学生形成对知识的系统认识。

人们常说，知识和方法是散落在各处的珍珠，找到串起珍珠的那条线，就可以把珍珠串成美丽的项链。思辨式的数学课堂，教师心中始终有这条"线"存在。因为心里有"线"，教学新课就会引导学生感悟知识的前后联系；因为心里有"线"，就会带着学生们感知知识和方法之间不断发展、渐次抽象的关系，实现知识之间、方法之间连点成线、连线成面的学习效果。有了这种教学意识，学生的系统思维就能得以培养，对数学知识的习得也将提升到更高的层次。

二、挖掘思维的深刻度

一段时间以来，教师们热衷于追求热闹、有趣的课堂，在教学形式上下足功夫。形式上的"趣"固然重要，但数学深层次的"趣"在于学习中"抽丝剥茧"的过程，在于对数学本质孜孜不倦的探求。思辨式的数学课堂，重视挖掘教学中数学思维的深刻度，着力培养学生的抽象思维和批判思维，更深层次地发展学生的数学思维。

1. 思维的深刻度体现在抽象性

数学是研究数量关系和空间形式的科学。数学知识虽然依附于具体的实物、情境等存在，但抽丝剥茧，其本质属性是抽象的。在小学阶段的数学学习中，限于学生的理解认知水平，他们往往只能依托观察实物、具体操作等直观手段进行数学学习，所学习的数学概念、定理、法则还不全面、不完善。小学生的思维处在具体形象思维向抽象逻辑思维发展的过渡阶段，且以具体形象思维为主，但我们仍要重视学生抽象思维能力的初步启蒙和培养。思辨式的数学课堂，一方面为学生提供丰富的直观媒介和操作体验，另一方面重视引导学生经历对数学知识的抽象提升过程，不断发展学生的抽象思维能力。

例如，人教版三年级下册"认识小数"一课，是学生认识小数的起始课，教师们大都认为四年级还有一次认识小数的机会，从而降低了对小数初步认识的要求。教学这节课时，不少教师始终依托着"米"和"元"这两个学生常见的计量单位来认识小数。笔者认为，对数的认识应该直达本质，要让学生经历剥离"量"的抽象过程。在依托"米"这个单位初步认识一位小数的意义之后，笔者设计了如下教学环节。

师：刚才，我们把 1 米平均分成 10 份，其中的几份可以用十分之几米和零点几米来表示。如果我们换一个单位，也把它平均分成 10 份，你还能用分数和小数表示出其中的一部分吗？这里有一条线段，平均分成了 10 份，请你选择一个计量单位，然后用分数和小数表示出指定的部分。（课件出示，如下图）

学生作答，教师展示学生的作品（如下图）。

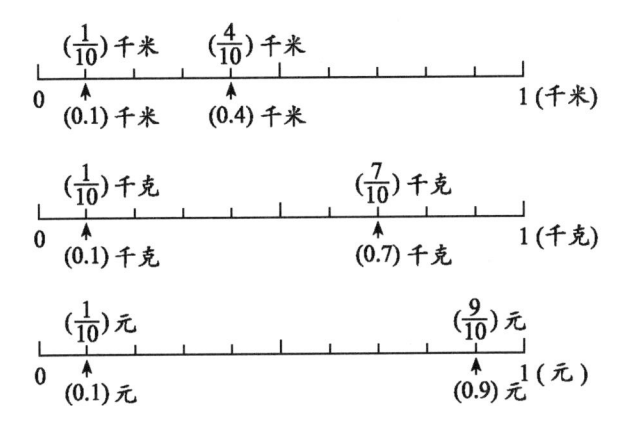

$$\begin{array}{c}(\frac{1}{10})千米\quad(\frac{4}{10})千米\\ 0\uparrow\qquad\uparrow\qquad\qquad\qquad\qquad 1(千米)\\ (0.1)千米\quad(0.4)千米\end{array}$$

$$\begin{array}{c}(\frac{1}{10})千克\qquad\qquad(\frac{7}{10})千克\\ 0\uparrow\qquad\qquad\qquad\uparrow\qquad 1(千克)\\ (0.1)千克\qquad(0.7)千克\end{array}$$

$$\begin{array}{c}(\frac{1}{10})元\qquad\qquad\qquad(\frac{9}{10})元\\ 0\uparrow\qquad\qquad\qquad\qquad\uparrow 1(元)\\ (0.1)元\qquad\qquad(0.9)元\end{array}$$

师：如果把"0.4千米"放到第二条线段的这儿（指着第二条线段上0.4千克的位置）可以吗？如果放到第三条线段上的这里（指着第三条线段上0.4元的位置）可以吗？为什么？

生：不行，因为单位不一样，所以不能放。

师：既然是因为单位不同，那咱们就去掉单位（课件演示，如下图）。

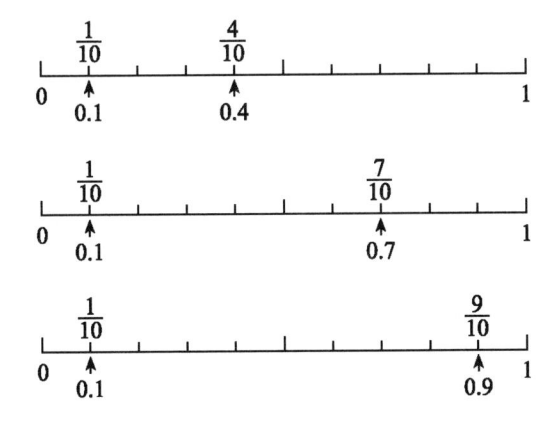

$$\begin{array}{c}\frac{1}{10}\qquad\frac{4}{10}\\ 0\uparrow\qquad\uparrow\qquad\qquad\qquad 1\\ 0.1\qquad 0.4\end{array}$$

$$\begin{array}{c}\frac{1}{10}\qquad\qquad\frac{7}{10}\\ 0\uparrow\qquad\qquad\uparrow\qquad 1\\ 0.1\qquad\qquad 0.7\end{array}$$

$$\begin{array}{c}\frac{1}{10}\qquad\qquad\qquad\frac{9}{10}\\ 0\uparrow\qquad\qquad\qquad\uparrow\ 1\\ 0.1\qquad\qquad\qquad 0.9\end{array}$$

师：现在，0.4可以放在第二条线段上了吗？放在第三条呢？

生：可以。

师：我们就把三条线段合起来（课件演示，如下图）。

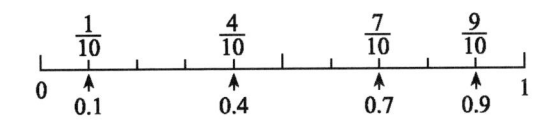

$$\begin{array}{c}\frac{1}{10}\qquad\frac{4}{10}\qquad\frac{7}{10}\qquad\frac{9}{10}\\ 0\uparrow\qquad\uparrow\qquad\uparrow\qquad\uparrow\ 1\\ 0.1\quad\ 0.4\quad\ 0.7\quad\ 0.9\end{array}$$

师：你们还能在这条线段上找到其他分数和小数吗？谁来试一试？

从认识整数开始，学生对数的认识一直遵循着从"带着具体量"到"剥离具体量"的学习路径，小数的认识也应如此。学生在表示"1"的线段上选填其他熟知的计量单位，并用分数和小数表示出指定的一部分，这是对小数认识的扩充。通过观察和比较，学生发现，虽然所选择的计量单位不同，但其本质意义是相同的——都是把一个计量单位平均分成10份，其中的1份或者几份可以用十分之几和零点几来表示。在"0.4千米"能否放在第二条线段和第三条线段的思考和辨析中，学生自然产生了剥离"具体量"的需要。在充分感知、比较、思考的基础上，去掉线段中的"具体量"再进行合并，便顺利过渡到"无量"的适度抽象提升阶段，实现了学生对小数意义的本质理解。在这个过程中学生也体会到了，数学知识的抽象程度越高，其涵盖和适用范围就愈加广泛。

思辨式的数学课堂，不仅考虑通过怎样的直观手段和实践操作帮助学生掌握新知，同时也重视引导学生经历数学知识的抽象过程，从而培养其抽象思维能力。在每节课的教学中通过适当的教学方式实现对数学知识的抽象，对于发展学生的思维大有益处。

2. 思维的深刻度体现在批判性

批判性思维就是通过一定的标准评价思维，进而改善思维，是合理的、反思性的思维，既是思维技能，也是思维倾向。发展小学生的批判性思维，就是引导他们在课堂上敢于质疑、批判、反驳、争辩，多去想"一定是这样吗？还可以怎么样？"在质疑与争辩中更加深刻地理解知识，发展能力。

例如，在教学人教版四年级下册"租船问题"这节课时，学生在新课学习之后已经知晓了"要尽量租大船""尽量少空位"，才能寻到最佳策略。新课学习后，教师设计了下面这道习题。

66位同学租车出游，租车公司一共有四种车型可选。出租车限乘4人，租金80元；小巴车限乘10人，租金180元；中巴车限乘20人，租金300元；大巴车限乘50人，租金600元。怎么租车最省钱呢？

生$_1$：我觉得租1辆大巴车，再租4辆出租车，这样租车既满足了"尽量租大车"，又满足了"没有空位"，一点不浪费。这种方案应该是最省钱的。

生$_2$：我不同意。生$_1$的说法听起来挺有道理，但是不是最省钱的方案还得多种方案比较一下才能确定。

师：这样争辩没有说服力，动笔计算试试看。

学生动笔计算。

生$_1$：按照我的租车方案，一共需要 $600+80\times4=920$ 元。

生$_2$：我的租车方案是租 1 辆大巴车和 1 辆中巴车，可以乘坐 70 个人，会留出 4 个空位，租金是 $600+300=900$ 元。

生$_3$：我的租车方案是租 1 辆大巴车、1 辆小巴车和 2 辆出租车，总的可以乘坐 68 人，会留出 2 个空位。租金是 $600+180+80\times2=940$ 元。

……

师：同学们，你们列举了这么多方案，哪种方案最便宜？

生：生$_2$的方案是最省钱的。

生$_1$：我原本以为没有空位就没有浪费，会是最佳方案。想不到，有时候浪费了一些空位，反而更加省钱。看来，"尽量租大车，尽量少空位"只是一个方法的参考，关键还得多种方案进行比较。

上述这道习题本身具有开放性，能够较好地培养学生的发散思维和优化意识。但是，学生在经过新课学习之后，掌握了优化的"套路"，反而形成了一种思维定势。如果不打破这种思维定势，学生就成了"做题机器"，不能根据实际情况去灵活运用。教师设计这样的题目，就有引发学生争辩批判从而纠偏错误定势的意图。当一部分学生陷入思维定势时，有些学生敢于发表不同见解，敢于对大家认同的共识说"不"，这就是可贵的批判思维的培养。通过这样的思维交锋，学生对"租船问题"类题目的理解将更加全面深刻。

三、提升思维的敏捷度

思维敏捷是一个人思维能力强的重要体现。思维的敏捷度既体现在思维创新，能够随机应变，不断开拓新的思路，寻求新的方法，不为某种思维习惯和思维模式所束缚；又体现在思维灵敏，能够从已知信息立即想出尽可能多的思维目标，为高质量思维提供选择、创造条件。思辨式的数学课堂，除了在学生思维的广度和深度的培养上下功夫，也重视提升学生思维的敏捷度。

1. 思维的敏捷度体现在灵活性

思维的灵活性是指善于迅速地发现和解决问题的思维特征。有了思维灵活性，人们在处理问题和解决问题的过程中，就能够适应变化而进行积极思维、周密考虑、正确判断和迅速做出结论。事实上，培养学生思维的灵活性要从小、从细节抓起，这也是思辨式课堂所追求的目标取向之一。

在小学数学的教学中，"估算"这部分教学内容虽然分量不多，却是学生学习上一个小小的难点。估算的本意是不需要精算的时候，大概估计一下结果以做出决策和预判。计算本身难度降低了，然而何时需要估算、怎么进行估算却是需要学生进行判断的，而这也正是学生学习的难点所在。是否需要估算或者如何根据具体情况选择合适的估算策略，需要学生思考并判断，这个过程正培养了学生思维的灵活性。一位教师在执教估算的练习课时，设计了如下教学环节。

师：请同学们计算一下这道题，$12 \div 2.1$。

生$_1$：结果是一个无限小数。

生$_2$：我用计算器计算了一下，是一个无限循环小数，$5.\dot{7}1428\dot{5}$，我用四舍五入法求近似数，大约是 5.71。

生$_3$：我把 2.1 估成 2，$12 \div 2 = 6$，所以这道题约等于 6。

师：当计算结果是无限小数时，我们经常要用四舍五入法求出结果的近似数，估算出结果。有些同学看到比较复杂的计算题，会自然地想到用估算的方法得到大致的结果。你们看接下来这两道题。

出示：

(1) 做一套衣服需要 2.1 米布，12 米布能做多少套衣服？

(2) 有 12 千克花生油，每个油壶能装 2.1 千克油，需要多少个油壶？

生$_4$：做衣服这道题，用 $12 \div 2.1$ 来计算，准确得数是 5 套多一些。但做衣服必须完整，做完 5 套衣服之后，多出来的布不能做出第 6 套。所以，只能做 5 套。

师：这道题需要准确计算吗？我们还是用四舍五入法进行估算吗？（生答）这是根据实际情况用"去尾法"求近似数。同学们想想，生活中还有哪些情况需要用到"去尾法"求近似数？（生答）

生$_5$：第 2 小题列式也是 $12 \div 2.1$，准确得数也是五点多。但是这道题问的是需要多少油壶，装满前面 5 个油壶之后，剩下的油虽然装不满第 6 个油壶，但还是需要一个油壶装起来。所以，这道题用"进一法"进行估算，需要 6 个油壶。

师：同学们，刚才我们计算了 12÷2.1 这道题，还解决了两个实际问题。在解决这些问题的过程中，你有什么体会？

生$_6$：在解决问题的过程中，我们有时候需要准确计算，有时候需要估算。在估算时，有时用四舍五入法，有时候用进一法或者去尾法，还有其他不同的估算方法。

师：那么，如何判断用什么方法进行估算呢？

生：要根据实际情况灵活进行估算。

数学学习中最忌讳的就是僵化地运用"套路"去解决问题。在教学中，教师应当设计一些需要学生思考甄别、具体问题具体分析、灵活运用所学知识去解决的数学问题。只有加强变式和辨析，学生才能培养起灵活的数学思维，形成敏捷灵活的思维品质，这正是思辨式数学课堂的价值追求之一。

2. 思维的敏捷度体现在创新性

创造性思维是指打破固有的思维模式，从新的角度、新的方式去思考，得出不一样的，具有创造性结论的思维模式。在传统的数学课堂教学中，学生唯师、唯书，不敢让自己的想法"旁逸斜出"；教师也乐见"整齐划一"的局面，追求齐步走的教学效果。这种教学模式，能教出一批"会考试、会做题"的孩子，却难以培养出真正的人才。思辨式的数学课堂，教师将自己放在引导、辅助的位置，让学生走到课堂的中心来。给予学生更多的时空去思考，去尝试，去实践，去表达，使学生的创新思维在学习活动中得以发展。

如，在学习了分数乘除法和正反比例的知识之后，教师在课堂上出示了下面这道题目进行教学。

一辆汽车从甲地开往乙地，每小时行 50 千米；沿原路从乙地返回甲地，每小时行 40 千米。往返共用了 9 小时。求甲、乙两地的总路程。

师：请同学们想想，该怎么解决这个问题。

学生思考，四人小组讨论。

生$_1$：我是这么想的，往返的速度比是 50：40，所以往返的时间比是 40：50，化简之后就是 4：5。因为往返的总时间是 9 小时，所以去的时间是 4 小时，回来的时间是 5 小时。用 50×4 或者 40×5 都可以求出总路程，一共是 200 千米。

生$_2$：我用 $9÷\left(\frac{1}{50}+\frac{1}{40}\right)$，求出总路程是 200 千米。

生$_3$：这个算式是什么意思呢？虽然答案对了，但这个方法可以吗？

师：第一个同学的方法大家都明白了，第二个同学的方法，还有不少同学没看懂。我们请这位同学说说他是怎么想的。

生$_2$：从甲地开往乙地时，每小时行 50 千米，那么每 1 千米需要用 $\frac{1}{50}$ 小时；从乙地返回甲地时，每小时行 40 千米，那么每 1 千米需要用 $\frac{1}{40}$ 小时。因此，每 1 千米往返一共需要 $\left(\frac{1}{50}+\frac{1}{40}\right)$ 小时，往返共用了 9 小时，用 $9÷\left(\frac{1}{50}+\frac{1}{40}\right)$ 就能求出两地的总路程。

师：大家都听明白了吗？这个方法怎样？

不少学生自发鼓掌。

生$_4$：我用方程来解决这个问题。我设甲乙两地的总路程是 x 千米，列出方程 $\frac{x}{50}+\frac{x}{40}=9$，通过变形得到 $\left(\frac{1}{50}+\frac{1}{40}\right)x=9$，解得 $x=9÷\left(\frac{1}{50}+\frac{1}{40}\right)$，求出两地的路程是 200 千米。

师：这位同学的做法大家理解了吗？他用方程解决这个问题，通过方程变形，正好和第二位同学的解法不谋而合。大家对这种解法是不是更理解了呢？我们在解决问题时，可以大胆假设，小心求证；要敢于创新，用不同的方法去解决。

创新是可贵而当前相对匮乏的思维品质。创新思维的培养，是每个学科不可忽视的重要的教学目标。在数学教学中，我们要激励学生敢于突破常规，敢于大胆尝试，"不走寻常路"，去寻得新的发现或者更好的解决问题的方法。思辨式的数学课堂，教师敢于放手，敢于让学生尝试，为学生提供了孕育创新思维的土壤，使学生在遇到陌生棘手的问题时能主动去解决，去创造。

总而言之，思辨式的数学课堂是重视学生思维发展的课堂。学生思维的广阔度、深刻度和敏捷度，是思辨式数学课堂的目标追求，也是其教学的重要底色。

第四节 "思辨数学"课堂的构建策略

思辨课堂的构建,需要教师根据数学思维的发展特点,在关注数学知识技能习得的同时,采用恰当的教学方式,有效促进学生数学思维能力的发展。

一、适度抽象,让思维走向深刻

学生学习新知时,总是由具体直观的生活情境或媒介素材入手,经由恰当的教学手段和学习过程,实现由具体到抽象的跨越,从而达到对数学本质的理解和掌握。在教学中,教师要把握好抽象的时机和路径,顺应学生的学习思维,使抽象过程平顺而自然。

例如,平面图形面积计算教学中,学生经常出现套用公式的情况。究其原因,就是在教学面积计算方法之初,没有很好地处理具体到抽象的教学过程,学生不能理解公式的意义,陷入了机械套用的境地。在教学"长方形和正方形的面积计算"这节课时,教师应当把步子垫得充分一些,体现"逐渐抽象"的过程,使学生学得扎实,学得有效。

面积的大小其本质就是含有的面积单位的数量。因此,教学长方形和正方形的面积,要让学生理解其本质,经历"数面积单位的数量"的实践过程。教师为孩子们提供了长 5 厘米、宽 3 厘米的长方形纸,并为学生们提供了一些 1 平方厘米的小正方形,让学生铺一铺,再求出长方形纸的面积。在铺小正方形的过程中,学生出现了以下几种铺法。

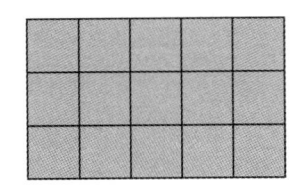

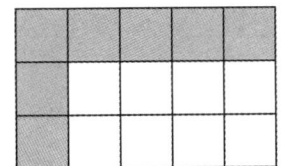

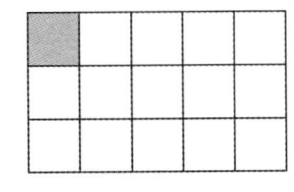

铺法 1　　　　　铺法 2　　　　　铺法 3

第一种铺法是孩子们常用的铺法,即把长方形铺满,数一数长方形里有多少个 1 平方厘米的小正方形,面积就是多少平方厘米,这种铺法很好地体现了"面积"的意义,是认识长方形面积大小的基础。第二种铺法,学生只铺了一条长和一条宽,这种"偷懒"的铺法,其实已经有了一定程度的抽象。

也就是通过铺满一条长，就知道了一行有几个 1 平方厘米的小正方形；通过铺满一条宽，就知道一共有几行，这样就能算出长方形的面积。第三种铺法，学生只放了一个小正方形，通过小正方形向右和向下移动，就能知道一行能铺几个小正方形，一共能铺几行，从而求出长方形的面积。

三种铺法，用的小正方形越来越少，抽象程度却越来越高。学生逐渐认识到长方形的面积与长和宽都有关系。有了三种铺法的铺垫，学生自然会想到用尺子量出长方形的长和宽，用长乘宽来计算长方形的面积。这时候，公式的抽象提炼是自然而然、水到渠成的。虽然学生用尺子量长和宽的长度，但他们明白这是在计算一行有几个面积单位，一共有几行。他们也明白了用长乘宽计算长方形面积的意义所在。有了这样的逐渐抽象的学习过程，学生就不会机械地套用公式，而能够做到"知其然且知其所以然"，思维更加深刻。

二、清晰有序，让思维走向系统

数学知识是一张"网"，学生数学学习的过程就是一个不断"织网"，完善补充的过程。只有将新知不断纳入原有认知体系，构建起结构清晰、脉络分明的知识网，学生对数学知识的把握才更加全面和牢固。在数学教学中，教师要有教材的全局观，要引导学生厘清教材脉络，把握好知识之间的联系。要帮助学生养成有序思考的习惯，使学生在新知学习过程中更加清晰，更加系统。

1. 对教学内容的脉络要梳理清晰

教师在备课时，对于新授内容在小学数学知识体系中的地位以及与相关知识点之间的联系必须有清晰的把握。理清楚知识脉络，教师在教学中才能做到"瞻前顾后"，培养起学生系统学习的意识。这样，学生学习新知时不会呈现"点状"，而能够连点成线，连线成面，形成网络。例如，二年级上册"数学广角"这一单元中"搭配（一）"这节课，其主要学习内容是三个元素中两两组合的组合数，这是学生学习排列组合的开端。三年级下册"搭配（二）"，安排了从四个元素和五个元素中两两组合的组合数，这是二年级"搭配"问题的进一步拓展和延伸。两个年级的"知识接力"，使学生能够掌握找出组合数的方法，初步形成有序思考的意识。两个年级的内容既有衔接，又有所侧重。在厘清知识脉络之后，更有助于教师准确把握教材，灵活使用教材，实现学生对知识点的准确理解和把握，更好地形成知识脉络体系。

2. 对教学流程的设计要形成结构

在新知教学中，教师不仅要引导学生在知识点的掌握上体现前后联系，形成体系，教师的教学设计也应当形成结构，体现思维的系统性。例如，在二年级上册"搭配（一）"的教学中，例题中呈现的是"有3个数5、7、9，任意选取其中两个求和，得数有几种可能"，"做一做"练习中呈现的是"每两个人握一次手，3个人一共握几次手"。学生解决这两道问题，可以采用列表、连线、枚举等方法。在寻找组合数的过程中，学生们能体会到找组合数和顺序没有关系，从而厘清组合和排列的区别。但是，由于元素的数量比较少，尽管教师可以在教学中引导学生有序思考，但学生却很难体会到有序思考的必要性和方法。这时，教师不妨再往前迈一小步，让学生试着去思考"每两个人握一次手，4个人一共握几次手"。学生有了解决前面的"3个人一共握几次手"的经验，能够尝试着自主解决这个问题。在解决这个问题的过程中，学生会经历从"无序"到"有序"的思维过程，逐渐琢磨出以下两种连线方法（如下图）。虽然连线的方法不同，但其中都蕴藏着"序"在里头。第一种方法是从第一个人开始连线，全部连完之后再接着连第二个人，依次往后；第二种方法是先连最短的连线，然后再连稍长一些的，依次往后。正是因为多了一个元素，有序思考变得更凸显、更有意义。

方法1　　　　　　　　　　　　　方法2

可能有些老师会质疑，"每两个人握一次手，4个人一共握几次手"不是三年级的教学内容吗？提到二年级来是不是超纲了？这样的质疑有一定的依据。确实，三年级"搭配（二）"中主要解决"四个元素和五个元素中两两组合的组合数"。但是，在二年级作这样的适度拓展，正是基于培养思维系统性的一个考量。引进了四个元素中两两组合的组合数，更能体现出有序思考的教学价值，也为三年级的学习埋下了伏笔，更好地体现了这个知识点的教学脉络。当然，二年级的教学内容和三年级的教学内容各有侧重，教师在教学设计时既要体现出结构化，还要注意把握好教学的"度"。

三、深入辨析，让思维走向批判

在小学数学教学中，辨析是很重要的一种学习方式。所谓"理不辨不明"。当学生在学习过程中遇到迷惑不解或者含混不清的知识点时，通过深入辨析，可以帮助学生更加深刻地掌握和理解新知。在教学中，教师要有意识地培养学生的辨析能力，也就是在听课或者思考的过程中多问几个"为什么""是这样吗""还有可能是什么"等问题，引导学生多质疑、多思辨、不盲从、不跟风，培养学生的独立思维和批判思维，这对培养学生的思维能力大有裨益。限于心理特点和学习规律，小学生的思辨能力还处在初步发展阶段。教师在教学中要善用策略，创设辨析时机，引导学生进行有效的思考和辩论。

1. 引"辨"

教学不能为"辨"而"辨"，否则就会走入空谈的误区。教师应当准确把握教学中的"辨析点"，抓住教学中有辨析价值的问题，通过对这些问题的辨析，达到厘清概念、发展学生思维的目的。

例如，在"三角形的特性"这节课的教学中，教师抓住了学生学习中的一个疑难点，设计了一个问题——画出下面三角形 ab 边上的高（如下图），激起了学生讨论的热情和兴趣，达到了很好的教学效果。

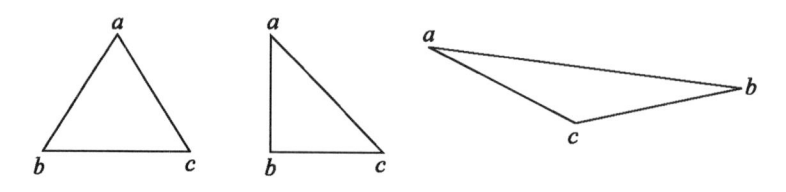

学生对于锐角三角形和钝角三角形指定的底边上的高没有什么疑问，对于直角三角形指定底边上的高产生了分歧，出现了如下的不同解答。

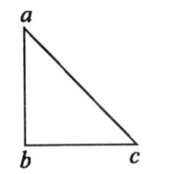

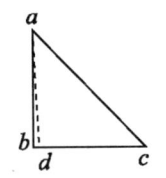

有学生认为，bc 边的高就是 ab 边；有学生认为必须"画"才是高，所以明明感觉不太对劲，还是固执地在三角形里画出一条"高"来，这就是学生的一个疑惑点。这里，光靠教师直接告知答案是不够的，教师可以引导学生就这个分歧展开辩论。在辩论中学生明确了，在直角三角形中两条直角边互为底和高。有学生生动地做了这样的阐释："直角三角形直角边上的高被另一条直角边挡住了，重合在了一起。"教学中，教师捕捉到了学生学习中的难点，设计了相关练习，让学生产生认知分歧，再通过辩论明晰认知盲点，从而更好地掌握新知。

2. 导"辨"

在新知学习中，"辨"是内在的思维活动，"辩"是外显的语言阐述，两者互为促进，融为一体。由于小学生的思维能力和语言表达能力还不成熟，无论是自我辨析还是同伴间的辩论，学生们都需要教师即时点拨引导，才能"辨"得有方向、有效果。

例如，在"长方形和正方形"一课的教学中，教师设计了一道题目（如右图）：教师从信封里抽出图形的一部分，让学生猜猜信封中藏着的是什么图形。有的学生猜是长方形，有的学生猜是正方形，双方争执不下。学生这时候的"辨"处在直观辨认阶段，是"看"了之后的直观感知，这样的辨析达不到发展学生思维的目的，也难以达到这个环节的教学目标。这时候，教师要及时引导点拨，帮助学生看清直观感知背后的数学本质。教师适时提出问题"你们是怎么判断出它是什么图形的呢？"帮助学生从直觉阶段走入了思考阶段，学生们开始结合图形的特征说理。虽然学生能够说出"图形露出来的部分有两个直角，上下两条对边看起来相等"等理由，但还是不能触及更深层次的思考去解开这个疑惑。教师还应及时补充问题："怎样才能确定它是长方形还是正方形呢？"在这个问题的引导下，学生将目光聚焦在两条邻边的关系上。学生提出:"可以把图形再拉出来一些,如果上面的边和侧边一样长,就是正方形;如果上面的边和侧边不一样长,就是长方形。"

在这个教学环节中,教师的两个关键问题,让学生的辨析从直觉感知走向了理性判断。在教学中,学生的辨析在一开始往往是模糊的、不确定的,教师在学生辨析过程中要及时跟进,给予点拨,使学生的思维逐渐清晰和深刻。

四、多维思考,让思维走向灵活

数学的魅力之一在于它是"活"的。学生在探究一个数学问题时,往往不只一条路径,不只一种答案,其中的千变万化常常令学生沉迷不已。教师在教学中,要引导学生进行发散思考,培养学生思维的灵活性。在习题设计中,要有意识地设计一些开放的、灵活的题目,在解决问题的过程中培养学生思维的灵活性。

1. 习题设计要灵活

传统的习题设计,答案往往是单一的、封闭的,这在一定程度上束缚了学生思维的发展。我们在设计习题时,要注重避开陈旧、老套的出题模式,设计一些灵活有趣的题目,有益于发展学生思维的灵活性。

例如,在一次设计习题的比赛中,主办方给出了题干"操场长400米,小明每分钟走120米,小红每分钟走80米",让参赛教师根据给出的条件编拟题目。不少老师编出的题目是:"学校操场长400米,小明每分钟走120米,小红每分钟走80米。他们两人同地相背而行,经过几分钟之后两人相遇?"这属于相遇问题的基本题型,是对相遇问题模型的基本运用。

有一位老师另辟蹊径,编拟了这样一道题目:"学校环形操场长400米,小明每分钟走120米,小丽每分钟走80米。小丽和小明同地出发,小丽先走6分钟,小明再出发。小明该朝哪个方向走,能最快与小丽相遇,相遇时经过了几分钟?"教师设计了几个"小机关",使得这道题目变得更灵活有趣。小丽先走6分钟,其实小丽和小明之间的差距就是80米。由于这相差的80米,使这道题既可以是相遇问题(小明和小丽面对面走),也可以是追及问题(小明和小丽同向走),有了两种不同的思路。惯常的思维中,我们会觉得面对面需要走 320 米，而同向走只需要追 80 米，"追"应该会更快，而学生通过计算会发现，面对面走 320 米所需要的时间更短。这样的题目，既有趣又灵活，既能巩固相遇问题的模型运用，又能培养学生的思维能力。

2. 习题设计要开放

封闭式的习题，答案唯一，学生容易形成整齐划一的"步调"，对学生、对教师而言都比较好掌握。然而，长期解答封闭的题目，对于发展学生的思维是不利的。因此，在习题设计上，我们可以设计一些开放的题目，让答案不唯一，给予学生更广阔的思维空间。

例如，同样是上面的题干，还有一位老师编制了这样一道题目："学校环形操场长 400 米，小明每分钟走 120 米，小丽每分钟走 80 米。小明和小丽同地背向而行，几分钟之后两人相距 100 米？"学生可能会将关注点放在两个小朋友第一次相遇的时候。但继续往下思考学生会发现，只要两个小朋友不停下来，他们就会有无数次"相距 100 米"的时候。虽然有无数个答案，但这些答案背后却有着共同的规律。教师带领着学生在开放的习题中去寻找答案背后的共性，对学生而言是一次提升，更是很好的数学思维体验。开放性习题的设计，可以很好地培养学生思维的灵活性。

五、精确切入，让思维走向敏捷

学生在解决数学问题的过程中，不仅要能够正确解决，最好还要提高解决问题的效率，遇到问题时能够快速准确地做出判断。教师要教给学生解决问题的方法，培养学生思维的敏捷性。

1. 抓信息

面对纷繁复杂的信息，能不能准确地对信息进行分类整理，并且快速地找到所需要的信息，影响着学生解决问题的速度。因此，教师要着重培养学生收集整理和捕捉信息的能力，使学生能够快速准确地找到有用信息，从而更好地解决问题。

例如，人教版四年级下册"运算定律"这个单元中，在"乘法运算定律"这个章节呈现了这样一道例题："一共有 25 个小组，每组里 4 人负责挖坑种树，2 人负责抬水浇树，每组要种 5 棵树，每棵树要浇 2 桶水，负责挖坑种树的一共多少人？"在这道题当中，信息量是比较大的，而呈现的问题只需要提取其中的两个信息即可。学生在通读题意之后，先要对题目中呈现出的信息进行归类，将相关联的信息整理清楚，再根据问题快速寻找到所需要的条件，很快就能解决这道题目。如果不能梳理信息，不能执果索因或者执因寻果，就容易陷入"一团麻"的状态，也就谈不上解决问题的效率，形成不了敏捷的思维。

2. 找规律

在浩瀚的数学知识海洋里，潜藏着许多规律。能够捕捉到这些规律性的东西，对于提升解决问题的效率大有裨益。教师要引导学生多去发现和总结规律，不断提高学生思维的敏捷性。

计算教学就是培养学生思维敏捷性的良好载体。面对诸如"$25 \times 32 \times 125$"这样的题目，为什么有的学生能够快速准确地计算出得数，而有些学生却需要草稿纸上不断写写算算才能有结果，这其中的区别就在于是否掌握了计算中的规律。计算教学中，教师要引导学生发现规律、运用规律，能够灵活地进行简算、巧算，既提高计算的正确率和速度，又发展学生的思维。

3. 勤反思

学生们在解决问题的过程中，不断积累着解决问题的经验。如果没有反思的习惯，这些经验将呈现零散的状态并很快销声匿迹，很难在学生脑海里留下什么深刻的印象和痕迹。如果学生在学习的过程中能够经常性地进行反思，总结自己在学习数学和解决问题的过程中积累的成功经验，反思出现的失败教训并寻找对策，经年累月，学生就能总结出许多解决问题的方法，从而掌握更多解决问题的策略，提升解决问题的能力。拥有反思的好习惯，能够使学生在学习数学和解决问题的过程中自然地选择最佳策略，从而提升思维的敏捷性。

思辨式的数学课堂，体现了以培养学生数学思维为旨归，在重视数学知识技能习得的同时，更重视学生数学核心素养的培育。在教学中，教师要多策并举，采用恰当的教学策略，促进学生数学思维的发展，为学生的未来学习奠基。

第二章 "思辨数学"教学课例

第一节 具体到抽象,在思辨中构建概念
——以"认识小数"教学为例

"认识小数"教学实录与评析

一、唤醒经验,认读小数

1. 认小数

师:课前,我们从镜头当中认识了老师的家乡——厦门。现在,让我们从数字当中再进一步地了解一下。

课件出示:

鼓浪屿与厦门岛隔海相望,隔着一条宽600米的鹭江,岛上面积1.91平方千米。

中华白海豚被称作"水上大熊猫",它的体长约2.2米,重约0.25吨。

厦门四季如春,年平均气温21.2 ℃。

师:刚才介绍厦门的过程中,我们发现了一些数。这里面有你认识的数吗?

生:600。

师:其他这些数你们认识吗?

生:其他这些数是小数。

师:是的,看来你们对这些数并不陌生。小数和整数有什么不一样的

地方？

生：数的中间有个小圆点。

师：你有一双善于观察的眼睛。这个小圆点叫做小数点。它把小数分成了左右两个部分，是小数的重要标志。

师：现在老师把其中一个小数请到黑板上来。瞧，小数点要写在数字的右下方。它是一个小圆点，可不要写成了顿号。（板书：1.91）刚才说了，这个小圆点叫做——小数点。（板书：小数点）

师：像1.91、2.2、0.25……这样的数都叫做小数。这节课我们就一起来认识这个新朋友——小数。（板书课题：认识小数）

【评析：学生在生活中已经大量接触小数，具有较丰富的生活经验。课伊始，教师选用孩子们喜闻乐见的生活素材引入新课，能够较好地调动学生的学习兴趣，唤醒学生原有的对小数的认知，为新课学习作好铺垫。】

2. 读小数

师：为了给同学们带点小礼物，老师逛了一下超市。你们看，超市里都有些什么？

课件出示：

棒棒糖：1.5元　薯片：5.98元　酸奶：2.20元　布娃娃：25.25元

师：这些表示价格的数是什么数？（生答：小数）这些小数你会读吗？棒棒糖的价格是几元呢？

生$_1$：一点五元。

师：哦，原来这个小数点读作"点"。薯片的价格呢？

生$_2$：五点九十八元。

师：有不同的读法吗？

生$_3$：五点九八元。

师：谁读得对？（生齐答：生$_3$）他们两个人的读法有什么不同？小数点的右边该怎么读？

生：小数点右边的数字要一个一个地读出来。

师：布娃娃的价格是多少？谁来读一读？

生：二十五点二五元。

师：这个小数，小数点左边和右边的数字相同，但读法一样吗？

生：左边和原来整数的读法一样读作二十五，右边读作二五。

师：是的。小数点左边要按照整数的读法来读，小数点右边要像报电话号码一样，一位一位地读。

师：会读小数了吗？屏幕上这些小数咱们也来读一读。

【评析：小数的读法与整数有较大的区别。学生虽然有了一些读数的经验，但对于如何读小数仍显得陌生。在教学中，教师充分发挥了学生的学习自主性，让学生尝试、比较、归纳，提炼出小数的读法。】

3. 说小数

师：咱们会读小数了。这些商品价格到底是几元几角几分呢？谁来说一说？

师：在以元为单位的小数中，每一部分表示的是什么？小数点的左边表示——？右边第一位表示——？右边第二位呢？

生：左边第一位是几元，右边第一位是几角，右边第二位是几分。

【评析：学生对价格表示的实际钱数非常熟悉。通过对生活经验及学习经验的激活，为下面小数意义的教学打好基础。】

二、循序渐进，认识小数

1. 借助"元"，初识小数

师：老师在超市里不仅买了食品，还买了喝水的杯子。瞧，这个杯子的价格是 0.1 元，你知道是多少钱吗？

生：0.1 元就是 1 角。（板书：1 角＝0.1 元）

师：1 元可以换几角？（课件出示 10 张 1 角纸币）。想一想，在这个表示 1 元的长方形里，我们该怎么涂色表示出 0.1 元呢？

生：1 元里面有 10 角。把这个长方形平均分成 10 份，其中一份涂上颜色，涂色的这一份是 1 角，也就是 0.1 元。

师：刚才涂色的过程，让你想起了哪一个分数？

生：十分之一元。

师：这么说，1 角也等于 $\frac{1}{10}$ 元。（板书：1 角＝$\frac{1}{10}$ 元）

师：1 角等于 0.1 元，1 角也等于 $\frac{1}{10}$ 元。那么，$\frac{1}{10}$ 元还可以写成——？

生：0.1 元。（板书：$\frac{1}{10}$ 元＝0.1 元）

师：能够利用生活经验，自己推导出$\frac{1}{10}$元=0.1元，这是一个了不起的发现。

【评析：学生根据生活经验，已经知道了0.1元=1角；同时，学生已有1角=$\frac{1}{10}$元的知识，可以直接沟通二者的关系。因此，此时教师引导学生通过"在1元的长方形里涂色表示0.1元"的操作活动，沟通1角与$\frac{1}{10}$元的关系，从而架起$\frac{1}{10}$元与0.1元之间的桥梁，是否必要，值得商榷。】

2. 借助"米"，认识小数

（1）认识0.1米

师：杯子的价格是0.1元。那么，这个杯子的高度呢？老师告诉大家，这个杯子的高度是1分米。

师：老师手里有一把一米长的尺子，可是没有刻度。在这把空白的米尺上，你能找到1分米吗？

【评析：此时应设计一个问题，"杯子的高度若用米来表示，应该怎么办？"使得老师出示米尺的行为更自然，不显得突兀。】

生$_1$：我用"拃"作单位量出1分米。

生$_2$：因为1米有10分米，我把这把空白的米尺平均分成10份，其中的一份就是1分米。

师：哦，两个同学的方法都很巧妙（将米尺贴在黑板上，并用粉笔将一分米长度涂上颜色）。这1分米也可以写成哪个分数？

生：十分之一米。（板书：1分米=$\frac{1}{10}$米）

师：在前面的学习中，我们已经知道了$\frac{1}{10}$元等于0.1元，那么$\frac{1}{10}$米用小数表示就是——？

生：0.1米。（板书：0.1米）

师：1分米、$\frac{1}{10}$米和0.1米都表示这一段的长度，它们之间是什么关系？

生：它们都是相等的。

师：你们利用$\frac{1}{10}$元＝0.1元，推导出了$\frac{1}{10}$米＝0.1米。能够用旧知识学习新知识，是学习能力强的表现。

【评析：教师设置了在空白的米尺上找1分米的活动，学生在"把米尺平均分成10份找其中1份"的过程中，建立了1分米和$\frac{1}{10}$米之间的关系。再借由$\frac{1}{10}$元＝0.1元推导出$\frac{1}{10}$米＝0.1米，这既是知识上的类推，更是方法上的迁移，对于培养学生缜密的思维大有裨益。】

(2) 认识零点几米

师：（将米尺上的3分米涂上颜色）这段是多长呢？以米作单位用分数怎么表示？用小数呢？

学生回答，教师板演。

师：刚才我们借助分米在0和1米之间找到了分数和小数。现在不借助分米（擦掉1分米、3分米），你还能在这把尺子上找出其他分数和小数吗？谁来试一试！

生$_1$：这一段是6分米（指着米尺上6分米的一段），用分数表示是$\frac{6}{10}$米，用小数表示是0.6米。

师：说得真棒！你们能像这位同学一样，找一段长度，用分数和小数表示出来吗？拿出老师为你们准备的软尺，同桌互相指一指，说一说。

学生活动。

师：哪位小老师愿意到黑板前来教一教大家。

指几名学生上台，指出一段长度，并说出相应的分数和小数，教师板演。

(3) 对比小结

师：观察一下黑板上的这些分数，它们有什么相同的地方？

生：它们的分母都是十。

师：哦，它们都是十分之几米。（板书：十分之几米）

师：这些小数呢，它们有相同的地方吗？

生：小数点的左边都是0。

师：这些小数都是零点几米。（板书：零点几米）

师：我们把这一米平均分成10份，其中的几份就是十分之几米，十分之几米可以用零点几米来表示。反过来说，零点几米表示的就是——？

生：十分之几米。

【评析：教师给予学生充分的学习时空，利用前面对"0.1 米"的认识，以合作交流的方式，完成了对零点几米的感知和认识。通过对比小结，揭示出十分之几米和零点几米之间的关系。】

3. 适度抽象，再识小数

（1）改变单位，写出小数

师：刚才，我们把 1 米平均分成 10 份，其中的几份可以用零点几米来表示。如果换一个单位，也把它平均分成 10 份，你还能用分数和小数来表示吗？

课件出示：

师：这里有一条线段，平均分成了 10 份，你能选择一个学过的单位，用分数和小数表示出箭头所指的部分吗？谁来试一试？

生₁：我想用"千米"这个单位。这条线段就表示 1 千米，平均分成了 10 份。一份是 $\frac{1}{10}$ 千米，也可以表示成 0.1 千米；其中的 4 份就是 $\frac{4}{10}$ 千米，也可以表示成 0.4 千米。

师：你的回答很精彩。同学们，你们能不能像这位同学一样，为这条线段选择一个单位，用分数和小数表示出指定的部分呢？试一试，开始吧。

学生完成作业条，同桌交流讨论。

师：除了"千米"，你们还给这条线段换上了什么单位？谁来汇报汇报。

指几名学生回答，教师根据学生的回答在课件上演示：

```
   ($\frac{1}{10}$)元                    ($\frac{9}{10}$)元
     ↓                                    ↓
├──┼──┼──┼──┼──┼──┼──┼──┼──┼──┤
0   (0.1)元                          (0.9)元 1(元)
```

【评析：在相同的线段上，换上不同的计量单位再找分数和小数，变的是"量"，不变的是小数的含义。换"量"，既是对小数意义认识的巩固，更使学生在"变"与"不变"的感悟中对小数的意义有了更具体、更丰富的认识。】

（2）去掉单位，适时抽象

师：现在，老师把第一条线段中的0.4千米拿出来。（持"0.4千米"的手牌）如果把"0.4千米"放到第二条线段的这儿，（指着第二条线段上0.4千克的位置）可以吗？如果放到第三条线段上的这里，（指着第三条线段上0.4元的位置）可以吗？为什么？

生：不行，因为单位不一样，所以不能放。

师：既然是因为单位不同，那咱们就去掉单位。

课件出示：

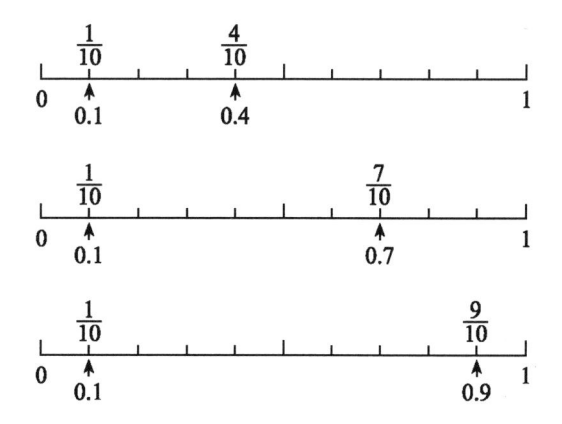

```
       $\frac{1}{10}$   $\frac{4}{10}$
        ↓       ↓
0─┼──┼──┼──┼──┼──┼──┼──┼──┼─1
       0.1     0.4
```

```
       $\frac{1}{10}$              $\frac{7}{10}$
        ↓                           ↓
0─┼──┼──┼──┼──┼──┼──┼──┼──┼─1
       0.1                         0.7
```

```
       $\frac{1}{10}$                        $\frac{9}{10}$
        ↓                                     ↓
0─┼──┼──┼──┼──┼──┼──┼──┼──┼─1
       0.1                                   0.9
```

师：现在，0.4可以放在第二条线段上了吗？放在第三条呢？

生：可以。

师：那我们就把三条线段合起来。

课件演示：

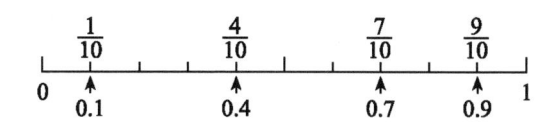

```
       $\frac{1}{10}$   $\frac{4}{10}$   $\frac{7}{10}$   $\frac{9}{10}$
        ↓       ↓       ↓       ↓
0─┼──┼──┼──┼──┼──┼──┼──┼──┼─1
       0.1     0.4     0.7     0.9
```

师：没有了单位，你还能在这条线段上找到其他分数和小数吗？哪列"小火车"开起来，说说其他的分数和小数。

学生"开火车"接连说分数和小数，教师点击课件，出示其他分数和小数。

师：看看这些分数，再看看这些小数。什么样的分数可以写成零点几呢？

生：十分之几可以写成零点几。

师：反过来说，零点几表示的就是——？

生：十分之几。

师：在 0 和 1 之间，像 0.1、0.2……这样的小数有多少个呢？我们来数一数。

生：9 个。

师：再添上一个 0.1 就是多少？

生：再添上 0.1 就是 1。

【评析：本环节教学中，通过对"'0.4 千米'能不能放在第二条或第三条线段上"的讨论，学生产生了去掉"量"的需要。去掉"量"来认识小数，这是对小数认识的抽象和提升。学生知道了"十分之几可以写成零点几，零点几表示的是十分之几"，这是对小数意义本质的理解。借由线段的直观作用，在数小数的过程中，渗透了小数的"十进"关系。】

（3）延伸数轴，沟通关系

师：洪老师的身高是 1.6 米。这"1.6 米"的 1.6 在 0 和 1 之间能找到吗？1.6 在哪两个整数之间呢？

生：在 1 和 2 之间。

课件演示：数轴延长。

```
0           1           2
```

师：接下来该怎么找到 1.6 呢？

生₁：把 1 和 2 之间的线段平均分成 10 份，就能找到 1.6。

课件演示：将 1 和 2 之间的线段平均分成 10 份。学生上台指出 1.6。

师：QQ 星的价格是 2.2 元，这个 2.2 元的"2.2"在哪两个整数之间？现在能找到吗？怎么办？

生：继续延长。

课件演示：数轴延长。

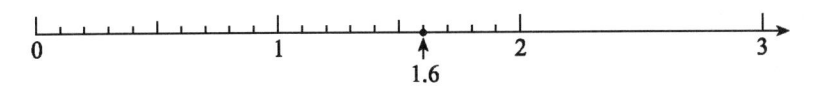

```
|————————|————————|————↑———|————————|→
0        1        2    1.6  2        3
```

（注：图中 1.6 标注在 1 和 2 之间）

师：现在，不去分 2 和 3 之间的线段，你还能找到 2.2 吗？先想一想 2.2 在哪儿，老师请一位同学上来试一试！

生$_2$：（指出 2.2 大致的位置）我用手从 1 和 2 之间比出两小格，移到 2 的后面，就找到了 2.2。

师：这个方法真妙。你对小数太有感觉了，同学们都为你鼓掌呢！

师：如果要找 3.5，它会在哪两个整数之间？

生：3.5 在 3 和 4 之间。

师：如果想找 7.4，它会在哪两个整数之间？

生：7.4 在 7 和 8 之间。

师：如果要找 95.2，该在哪两个整数之间来找呢？

生：95.2 在 95 和 96 之间。

师：如果将这条数轴继续往右延伸，你还能找到其他的小数吗？找得完吗？

生：找也找不完。

师：这样的小数还有很多很多（指着数轴的箭头），所以用箭头表示。

师：现在，老师任意指出数轴上的一个点，你能用小数表示吗？比比谁的反应快！

【评析：从有"量"到无"量"，是对小数认识的纵向提升；从零点几到一点几、二点几……，是对小数认识的横向拓展。在"找小数"的过程中，学生能够体会到小数与整数的关系，将小数纳入数系之中，将新知识纳入认知结构，同时培养学生的数感。】

三、巩固练习，强化新知

师：通过刚才的学习，你们和小数交上朋友了吗？有没有信心用新学的知识解决一些数学问题？

1. 把下面各图中涂色的部分用分数和小数表示出来（图略）。

2. 下面哪幅图的涂色部分可以用 0.3 表示（图略）。

【评析：课堂练习紧紧围绕本节课的知识核心，通过练习进一步巩固学生对小数意义的理解。练习形式有变化，易于激发学生的学习兴趣。】

四、回顾全课，总结提升

师：今天，我们认识了哪个新朋友？通过今天的学习，你有哪些新的进步？

【评析：引导学生回顾学习过程，梳理知识脉络，提炼学习方法，培养学生的回顾反思意识，并提升其学习能力。】

总评：

本节课教学中，执教教师能深入准确地解读教材，充分考虑学生已有生活经验和已有的知识，精心设计教学环节，在整合教学素材、把握教学要求以及形成知识结构等方面呈现出诸多亮点，课堂教学灵动而富有实效。

一、合理整合，"材"尽其用

对数的认识，总是从带量的数开始。对于小数而言，学生最为熟悉的是以"元"为单位的小数。在教学中，教师先以"元"为单位引导学生初识小数。借由学生的生活经验，引导他们主动推导出 $\frac{1}{10}$ 元＝0.1 元，这是对学生已有经验的充分考量，遵循了学生的认知规律。接着，学生运用这个已有发现去认识以"米"为单位的小数，实现了知识和方法上的迁移。这样的编排，来源于对"元"和"米"两个具体量在认识小数过程中各自利弊的充分的分析，既关照了学生原有的认知基础，又充分考虑渗透数学方法，经历"生活经验—初步感知—主动探究"的学习过程，体现学生学习的自主性。

二、充分感知，适度抽象

在认识小数的过程中，从"有量"到"无量"的提升是本节课的一大亮点。教师引导学生在"0 到 1"的线段上选用其他熟知的计量单位，并用分数和小数表示出箭头所指的部分，引导学生对小数意义进一步内化和理解。在填写不同的单位之后，教师引导学生思考："0.4 千米"能不能放到第二条或者第三条线段上？学生在思考辩论之中，自然产生了去掉量的需要。在充分感知、比较的基础上，去掉线段中的具体量再进行合并，便顺利过渡到"无量"的抽象提升阶段，实现对小数意义的本质理解。

三、沟通联系，形成结构

教学中，教师非常重视引导学生沟通小数和整数的联系。教师安排了一个"找小数"的环节。在寻找"1.6、2.2、3.5、7.4……"这些小数位于哪两个整数之间的过程中，学生主动将小数纳入数系，扩充了对数的认识，形成了新的知识结构。在这个过程中，学生对于小数的"数序""大小"有了初步的体验和感悟，对小数的认识更加丰满和完整。这个活动，学生非常喜欢，同时也富有教学意义，对培养学生的数感也大有裨益。

"认识小数"备课思考
——适才·适度·适当

"认识小数"是《义务教育教科书·数学》（人教版）三年级下册的教学内容。这节课是学生对小数的第一次"正式接触"。学生在之前已经有认识整数、认识分数的学习经验，且在生活中积累了丰富的关于小数的生活体验（例如价格、长度、质量、体温等）。这些都是学生学习这节课的重要基础。笔者对本节课的素材选用、适度抽象、数系重构等方面进行了一些深入的思考和精心的设计，具体如下。

一、适材——分析利弊，"材"尽其用

学生认识数，是先从带量的数开始的，如，在充分感知了1个苹果、1个人、1支笔……的基础上，抽象出了"1"这个数的概念。认识小数同样离不开"量"的依托。

人民币单位和米制单位是各版本教材编排"认识小数"时选择的主要载体，在教学过程中各有优劣，使用教材时应当分析利弊，将之用在最适切的地方，以发挥其辅助作用。

以"元"为单位认识小数，其优势在于学生非常熟悉。在生活中，学生接触了大量的商品价格，都是以"元"为单位的小数，也清楚这些小数所表示的实际钱数。这是非常好的认知基础。但不足之处在于，元和角之间的十进关系只能体现在"1元=10角"的单位换算上，要利用"元"这个量沟通一位小数和十进分数之间的关系不直观，学生理解起来有一定的难度。因此，借人民币单位来沟通十进分数和一位小数的关系，不是最佳选择。

相对于价格来说，学生对以"米"为单位的小数比较陌生。学生都知道

0.1元就是1角，但对于"0.1米"的意义未必都熟知。因此，以"米"为单位认识小数，教师"教"的比重会大一些。但是，"1米＝10分米"的单位换算对于学生理解"1分米＝$\frac{1}{10}$米"显得很直观具体。在构建十进分数与一位小数的关系的过程中，米制单位具有明显的优势。且"米尺"与"数轴"在形式上具有相对的一致性，对于后续的抽象提升也大有裨益。

两种量各有其利弊所在，教学中如何进行合理的整合，才能分别尽其优势，达到最佳的教学效果？

在教学中，笔者首先以"元"为单位引导学生初识小数。学生依据生活经验已经知道了"1角＝0.1元"，笔者让学生在代表1元的长方形里涂色表示出1角，在直观图中感受1角和1元之间的关系，从而知道"1角"可以写成"$\frac{1}{10}$元"。借由"1角＝0.1元"和"$\frac{1}{10}$元"两个等量关系的转化，得出"$\frac{1}{10}$元＝0.1元"。这个环节的教学中，充分运用了学生原有的生活经验和知识基础，引导学生在动手实践和等量转化中初步沟通了$\frac{1}{10}$和0.1之间的关系。

其次，利用学生对刚刚建立的"$\frac{1}{10}$元＝0.1元"的认知，在教学中随之引入米制单位，帮助学生实现知识的顺向迁移。学生通过观察米尺，很容易看到并得出"1分米＝$\frac{1}{10}$米"。再借由刚刚认识的"$\frac{1}{10}$元＝0.1元"，自然迁移得出"$\frac{1}{10}$米＝0.1米"。这个学习过程再次巩固了$\frac{1}{10}$和0.1之间的关系。

接下来，学生便能以此类推，继续沟通其他带量的分数和小数之间的关系，从而实现对小数意义的初步认识。

由上可知，在这部分教学中，充分激活学生已有的生活经验，运用学生熟知的人民币单位"元"，唤醒其对表示价格的小数意义的原有认知，初步建立$\frac{1}{10}$和0.1之间的关系。接着，利用这个学习经验，进入以"米"为单位的小数意义的进一步学习，实现了知识和经验两个维度的迁移，帮助学生主动探索十分之几米和零点几米之间的关系。这样的编排设计，来源于对"元"和"米"两个量各自利弊的充分的分析，既关照学生原有的认知基础，又充分考虑渗透数学方法，帮助学生实现了由"生活经验—初步感知—主动探究"的学习过程。

二、适度——充分感知，抽象提升

在认识小数的初始阶段，学生对小数的认识离不开具体量的支撑。但如果学生只停留在认识带量的小数，于课程要求及教材编排而言会稍显缺失。是否脱离量来认识小数，可以从教材的练习编排中窥见一二。通过对比新旧教材笔者发现，实验版教材的练习中均依托米制单位和人民币单位为背景，让学生用小数表示具体的量。而在新教材的习题中，采用了方格图和数轴等脱离具体量的载体，要求学生写出相应的小数，这是对认识小数的初步抽象和提升。因此，从"有量"到"无量"，是本节课对小数认识的自然要求。

然而，"有量"到"无量"的提升不能一蹴而就，必须给予学生充分感知的过程，促使其产生剥离量的需要，逐步实现小数的抽象，这符合学生的认知规律。因此，在借由米尺沟通"十分之几米"和"零点几米"之间的关系之后，教师设计了一个换计量单位写相应的分数和小数的环节，帮助学生实现"有量"到"无量"的提升。

课堂上，学生在"0 到 1"的线段上选填其他熟知的计量单位，并用分数和小数表示出指定的一部分，这是对小数意义的适度内化和理解。通过观察和比较，学生发现，虽然所选择的计量单位不同，但其本质意义是相同的——都是把一个计量单位平均分成 10 份，其中的 1 份或者几份可以用十分之几和零点几来表示。在"0.4 千米"能否放在第二条线段和第三条线段的思考和辩论中，学生自然产生了剥离"量"的需要。在充分感知、比较、思考的基础上，去掉线段中的"具体量"再进行合并，便顺利过渡到"无量"的适度抽象提升阶段，实现对小数意义的初步理解。

毫无疑问，脱离"量"认识小数，更能直触小数的本质。然而，抽象提升的过程要把握好度。对三年级学生而言，即便去掉了"量"的支撑，仍然需要方格图、线段图、数轴等直观模型的辅助。"适度"就是指在本环节教学过程中必须慎重考虑、准确拿捏。

三、适当——纳入数系，形成结构

小数并非孤立于整数、分数之外而存在。因此，学生不能孤立地认识小数，教师应当引导学生找到小数与整数、分数之间的关系，使学生主动将小数的认识纳入原有数系当中。这既有利于学生进一步理解小数的意义，也能实现学生对原有知识结构的重建。

学生在之前的学习中，已经认识了 0 和 1 之间的 9 个零点几。要拓展学生对小数的认识，必须引导学生主动将 0 和 1 之间的线段继续向右拓展。学生要找到 1.6、2.2、3.5、7.9、95.2 等小数，需要判断这些小数在哪两个整数之间，从而实现线段的向右延伸，自然而然地形成了数轴。在找小数的过程中，学生进一步认识了小数的意义（将哪两个整数之间的线段平均分成十份，再找到相应的小数），同时发现了小数和整数之间的关系，自然地将小数纳入到数系当中，扩充了学生对数的认识。在将小数纳入数系的过程中，学生对于小数的"数序""大小"也有了初步的感悟和体验，使得学生对小数的认识更加完整和丰满。

在教学"认识小数"这节课时，"到位而不越位""适度""适当"是一线教师时常困惑的问题。在教学中，通过对素材选择、抽象程度、数系重构等方面进行充分考量，做到"适当"，带领学生在具体量及直观支撑的基础上，触及小数的本质，形成相对完整的对小数的初步认识、理解和掌握。

从思辨的视角反思"认识小数"一课的教学

学生对数的认识，都要经历由具体直观走向抽象的过程，整数、小数、分数的认识大都如此。认识一种新的数，我们都需要将之纳入原有数系，不断扩充学生对数的认识，并且形成对数的认识的整体结构。这两个重要环节应该怎么设计，使学生在完成对数的认识的同时发展思维，这是数学教师们必须思考的问题。"认识小数"一课的教学，对这个问题做出了一定程度上的示范和解答。

一、铺设路径，渐次抽象，提升思维的深刻度

学生认识数，总是先由生活中常见的实物入手。例如，学生常常从 1 只鸡、1 只鸭、1 根粉笔、1 个橘子等常见物品入手，逐渐抽象出数字 1 来。认识小数也要经历这个过程。为了使学生能够更好地理解数的本质，教师要让学生具备更加丰富的直观体验，这是抽象数概念的基础。在以往的教学中，学生们在米尺上认识了以米为单位的小数之后，教师常常直接省略了"米"

这个单位，将"米尺"抽象为"数轴"，实现对小数的认识。但这个过程太直接、太突然，学生难以理解到小数是十进分数的另一种表现形式。从带"量"的小数到剥离"量"的小数，学生需要一个渐次抽象的过程。

  在这节课的设计中，教师引导学生认识以"米"为单位的小数之后，让学生换一个单位，再写出箭头所指的小数。这里的"换单位"环节看似不起眼，其实有着很重要的意义。学生用了人民币单位、质量单位、长度单位等替换"米"这个单位，写出了"0.4吨""0.4元""0.4千米"等小数。教师引导学生思考"'0.4千米'能放到'0.4吨'的位置上吗"，在思考这个问题的过程中，学生们自然而然地辨析"0.4千米"和"0.4吨"的相同与不同。相同的地方在于都是把"1"平均分成10份，取其中的几份；不同的地方在于单位不同，表示的量不同。在充分的感知、比较和辨析的基础上，剥离"量"而抽象到"数"变得水到渠成。去掉了这些单位，"0.4"就表示把"1"平均分成10份，取其中的4份。这里，学生不再依托具体的量去认识小数，而从本质上去认识小数，意识到0.4表示的就是十分之四。有了这个过程，学生对小数的认识就有了基础，也更加深刻。

  二、培养数感，纳入数系，提升思维的系统性

  学生认识小数之后，要将小数纳入整数数系，实现对原有数系的扩充。只有这样，才能使学生对数的认识更加系统，更加完整。在这节课的教学中，学生认识了"零点几"的小数之后，教师提出了新的问题"1.6在哪两个整数之间呢？怎么找到1.6"这个问题，使学生对小数的认识由"零点几"延伸到了"1"之后。学生找1.6，先要判断1.6在哪两个整数之间，再根据小数的意义寻找。这个过程，既把小数自然地纳入原有数系，也让学生理解了小数与整数之间的关系，还很好地培养了学生的数感，可谓一举多得。学生找到1.6之后，教师接着让学生寻找2.2、3.5等其他小数，帮助学生进一步掌握小数与整数之间的关系，形成完整的数系，提升了学生思维的系统性。

第二节 对比与辨析，在思辨中走向纵深
——以"分数的初步认识"教学为例

"分数的初步认识"教学设计

一、教学目标
1. 通过课前辅学，学生直观认识几分之一，会读写几分之一。
2. 通过实践操作和讨论辨析，认识分数的意义。
3. 培养学生运用分数知识解决问题的能力，发展学生的数感。

二、课前预习
1. 自学课本，观看微课

自学要求：①阅读课本第91页，边阅读边圈出重点词句，遇到不懂的问题要及时记录；②观看微课，思考：$\frac{1}{2}$表示什么意思？你能举例说明$\frac{1}{2}$这个分数吗？$\frac{1}{2}$怎么读、怎么写？

三、教学过程
（一）课始检测，了解学情

谈话：之前，我们通过微课预习了"分数的初步认识"这个内容，现在，老师检验一下同学们的预习情况。

1. 辨一辨

用下面的分数表示涂色部分，对吗？

$\frac{1}{2}$　$\frac{1}{2}$　$\frac{1}{2}$　$\frac{1}{2}$
（　）（　）（　）（　）

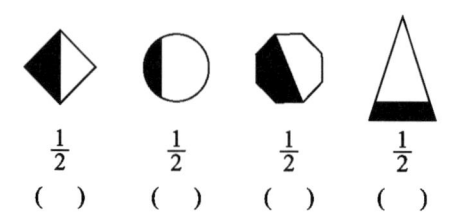

2. 读一读

读出下列各分数：

$\frac{1}{2}$、$\frac{1}{5}$、$\frac{1}{7}$、$\frac{1}{9}$、$\frac{1}{14}$、$\frac{1}{12}$、$\frac{1}{20}$、$\frac{1}{40}$。

3. 写一写

写出下面各分数：

四分之一、八分之一、六分之一、二分之一、五分之一、十分之一。

4. 说一说

写出一个你喜欢的分数，然后和同桌说一说分数的各部分的名称。

【设计意图：学生在课前进行了预习，预习情况如何，可以通过简单的几道题进行检测，了解学情。第一小题运用平板电脑进行作答，平板电脑上能够立即统计全班的正确率。教师根据学生的作答情况，及时讲评，体现了翻转课堂的简约高效。】

（二）实践操作，认识分数

1. 折一折，深化认识

（1）师：老师为大家准备了一些纸片，有长方形、正方形和圆。你们能用这些纸片折一折，涂一涂，表示出一张纸片的$\frac{1}{4}$吗？

（2）学生折纸，涂色。

（3）指名部分学生展示自己的作品，并张贴在黑板上。

（4）讨论：相同大小的正方形，涂色部分的形状不同，为什么涂色部分都是这个正方形的$\frac{1}{4}$？形状、大小不同的纸片，折法不同，为什么涂色部分都是这个图形的$\frac{1}{4}$？

（5）小结：无论纸片的形状、大小和折法如何，只要把一张纸片平均分成4份，其中的1份就是这张纸片的$\frac{1}{4}$。

【设计意图：学生通过自学，初步认识了$\frac{1}{2}$。在本环节中，教师充分运用学生对分数的初步认识，引导学生在图形中表示出$\frac{1}{4}$来，以此深化对分数的认识。教师为学生提供了大小不一的长方形、正方形和圆，学生在操作中发现，虽然图形的形状、大小、折法不同，但只要把图形平均分成4份，其中的一份就是这个图形的 $\frac{1}{4}$。这个操作辨析过程,帮助学生剥离了有关分数的非本质属性,较好地理解了分数的意义。】

2. 找一找,完善认知

师:老师为每位同学准备了一些小棒,老师手里也有一根(教师手里出示小棒)。请你们看一看,再找一找,你们手里的哪根小棒的长度是老师这根小棒的 $\frac{1}{2}$ 呢?

学生找小棒,并说一说自己是怎么找到的。师指名上台验证。

师:你们能再找找,哪根小棒的长度是老师手里这根小棒长度的 $\frac{1}{3}$ 吗?

学生找,并上台验证。

师:你们能学着老师这样,向同桌提出问题,并找出相对应的小棒吗?

同桌一组,进行活动。

【设计意图:找小棒的活动,一方面能够帮助学生进一步巩固对分数意义的认识,另一方面有助于学生从"率"的角度认识分数,从而完善对分数的认知。同时,这个活动有助于培养学生的估测能力,能够激发学生的学习兴趣。】

三、当堂测学,练习提升

1. 判断

下面图形的涂色部分,是这个图形的 $\frac{1}{4}$ 吗?为什么?

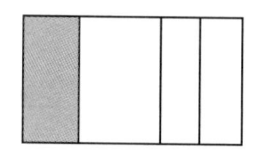

学生判断,并说明理由。

2. 取 $\frac{1}{2}$

师:老师这儿有 10 枚 1 角钱硬币和 2 枚 5 角钱硬币,你能取出其中的 $\frac{1}{2}$ 吗?

学生思考。师指名学生回答,并说明理由。

【设计意图：通过当堂测学，一方面检测学生对新知的掌握情况，另一方面借由当堂练习，进一步提升学生的数学思维，培养学生的学习能力。第一题，旨在帮助学生建立对"平均分"的准确认识，引导学生将关注点转移到涂色部分与整个图形之间的关系，从而做出准确判断；第二题，旨在引导学生从不同维度入手，表示出这些钱币的$\frac{1}{2}$，发展学生的发散思维。】

四、全课总结，拓展延伸

学生谈收获。

师：关于分数的其他知识，同学们可以在课外主动查阅资料，进一步了解。

"分数的初步认识"备课思考
——"学"在恰切处，"思"向纵深行

在数学教学中，充分调动学生学习的主动性和内驱力是提升课堂教学效率的法宝。如何改变学生置后学习、被动接受的局面，使学生能够占得学习先机，主动投身新知学习中去，进行课前预习是一条有效途径。引导学生在课前进行自学，利用微课进行辅学，能够有效分解教学内容，减缓学习坡度，合理规划学习时间，实现课堂教学的高效率。课堂上，教师就能够拥有更多的时间引导学生在自学基础上进行深入的思辨，从而提升学习效果，更好地发展学生思维。

一、先学，学在浅表处，启动思考

不少教师希望学生是"一张白纸"进课堂，原因是"白纸好描画"，方便课堂上传授知识。这个想法是比较片面的。对于一些描述性的、规定性的教学内容，如果能在课前组织学生预习，使学生对新知识先行了解并掌握其中一二，有助于减轻课堂教学压力，为培养学生数学思维提供更多的时空。学生的预习习惯和预习能力依赖于教师长期有效的培养，教师对于预习的内容要精心设计，对预习方法要进行渗透引导，对辅助学生预习的微课要精心制作。如此三管齐下，能够较好地保证"先学"的效果。

"分数的初步认识"这节课，课前自学应该安排什么内容，这个问题值得数学老师琢磨思考。为什么要学习分数，分数表示什么，分数怎么读、怎么

写，这些都是学生在学习之初亟待了解的问题。笔者将这几个小问题以学生喜闻乐见的形式制作成微课（扫描二维码可见），供学生在课前进行自学，以帮助学生在进入课堂之前，对分数进行初步的认识和了解。

在微课中，教师创设了学生喜爱的情境——孙悟空和猪八戒平分物品（4粒桃子，2杯茶，1张饼）。在分物的过程中，学生重温了"平均分"的旧知识，为学习分数充分热身。从 $4÷2$、$2÷2$ 到 $1÷2$，过渡自然无痕，实现了新知与旧知的无缝衔接。在自学过程中，学生自然产生了疑问——"半个饼用哪个数来表示"，在微课演示的辅助下，学生初步认识了 $\frac{1}{2}$。为了更好地建立对 $\frac{1}{2}$ 的认识，微课采用数形结合的方式，辅以动画的演示来介绍 $\frac{1}{2}$ 的含义：把一张饼平均分成 2 份，其中的一份就是这张饼的 $\frac{1}{2}$。接着，微课还演示了 $\frac{1}{2}$ 的读法和写法，并引导学生尝试读和写，以此帮助学生建立了对 $\frac{1}{2}$ 的认识。

虽然分数对学生来说较为陌生，但结合具体实物初步认识分数对学生而言并不难。将 $\frac{1}{2}$ 这个分数放在课前通过微课引导学生自学，可以引领学生顺利迈进"分数的世界"。在课前预习中，学生们知道了 $\frac{1}{2}$ 和"半个"的对等关系，知道了分数线、分子和分母，初步了解了分母和分子所表示的意义，能够读写分数。这些浅表的关于分数的认识，就像"酵母"一样，能够在新课学习中产生发酵的"化学反应"，带领孩子们主动探寻分数的其他更多知识内容。在认识了 $\frac{1}{2}$ 之后，学生产生了新的思考：还有别的分数吗？其他分数表示什么意义呢？关于分数还有哪些知识……通过自学产生的这些思考，将带领孩子们走进更精彩的分数世界。

二、导学，导在核心处，启迪思维

有了"先学"的基础，学生对新知的掌握情况就有了参差的差异，这对教师的课堂教学提出了更高的要求和挑战。教师一方面要在课始通过简单的纸测或提问，了解学生的预习情况，较为准确地掌握学情；另一方面要深入研读教材，把握住学生预习之后的"新知增长点"和"最近发展区"，设计有效的教学活动，帮助学生在已有的预习基础上实现新的发展和飞跃，将学生的认识引向纵深，并提升学生的思维品质。

1. 问——了解学情，明晰方向

学生虽然在课前进行了自学，但自学效果如何需要在课始进行简短而有针对性的检测。"分数的初步认识"这节课，课始的检测内容包括：判断图形中的涂色部分能否用 $\frac{1}{2}$ 来表示；出示若干个简单的分数，让学生读一读，写一写，说一说。通过简单的检测，教师可以了解学生的自学情况，找出学生自学中存在的缺漏和不足，在课堂上加以辅导和巩固。完善学生的先前认知之后，教师能进一步明晰教学方向，为接下去的"导学"奠定良好基础。

2. 折——剥离"外衣"，揭示本质

学生通过课前自学，认识了 $\frac{1}{2}$。在孩子们的眼里，$\frac{1}{2}$ 就是"一半"，这离分数的本质含义还有一定的距离。要进一步引导学生把握分数的本质含义，离不开动手操作。教师可以设计目标指向明确的"折""涂"的活动，引导孩子们在实践活动中，剥离非本质属性，实现对分数的深层的本质的认识。

在课堂教学中，教师为学生提供了不同形状（长方形、正方形、圆等）、不同大小的纸片，让学生拿出一张纸片，折一折，并涂色表示出 $\frac{1}{4}$。在学生完成"折""涂"两个动作之后，教师展示学生作品，并提出如下两个问题：(1) 同一个正方形，折法不同，每一份的形状不同，为什么涂色部分表示的都是这个正方形的 $\frac{1}{4}$；(2) 不同形状的图形，折法不同，为什么涂色部分表示的都是这个图形的 $\frac{1}{4}$？通过之前的折纸、涂色活动以及对这两个问题的辨析，学生认识到：无论图形的大小、形状、折法如何，只要把这个图形平均分成四份，其中的一份就是这个图形的 $\frac{1}{4}$。两个问题的辨析，帮助学生剥离了图形形状、大小、折法等非本质属性，而紧紧扣住"平均分""分几份""其中的一份"三个要素，从本质上把握分数的意义，实现了对分数的深层次认识。

3. 找——定位"关系"，完善认知

分数有"量"和"率"两个方面的意义。在以往的教学中，在初步认识分数时，教师大多着眼于"量"的教学，学生认识的是 $\frac{1}{2}$ 个饼、$\frac{1}{4}$ 个正方形……如果缺少了对"分率"的初步渗透，学生对分数的认识是略有欠缺、不完整的。因此，在本节课教学中，教师可以安排"找分数"的活动，使学生初步感知分数作为"率"的含义，从而完善学生对分数的认识。

教学中，教师可以给每个孩子一组长短不一的小棒。教师给出提示，让学生找出相应的小棒。通过"找小棒"活动，将学生对分数的认识由"量"的角度自然转换到"率"的角度。学生在"找小棒"过程中，不仅进一步巩固了对分数意义的认识，而且体会到分数可以表示两个量之间的关系，对分数的认识更加完整而深刻。

在课堂导学这部分教学中，由于有了课前自学的基础，教师可以将力量用在"刀刃"上，在知识的纵深处开掘，引导学生通过实践操作、交流辨析等活动，完成对分数意义的建构和理解。这样的教学活动更具有深度和指向性，在新知的学习中很好地发展了学生的思维能力。

三、测学，测在提升处，启发思路

学生学习效果如何，需要通过课堂检测得以反馈。测学的目标不能仅定位在对新知的巩固和运用，而应该更加关注学生学习能力和思维能力的培养。通过精心设计练习题，使看似简单的习题承载更加丰富的学科功能，巩固新知的同时提升学生的思维品质。教师力求通过对习题的精巧设计，再次开启学生新的思路，使之对新知的掌握更加丰富而充实。

在本节课的检测部分，教师设计了两道习题，帮助学生在完成检测的过程中，进一步扣紧分数的本质含义。第一小题，让学生判断图中的涂色部分是否是这个图形的四分之一。这道题的设计，故意设计了一个蒙蔽学生"双眼"的屏障。学生容易因为长方形没有"平均分"，而认为涂色部分并不是这个图形的 $\frac{1}{4}$。但仔细观察涂色部分与整个图形大小之间的关系不难看出，涂色部分就是这个图形的 $\frac{1}{4}$。通过这道题的练习学生会明白，是否平均分看的不是实际分的情况，而要把关注点转移到部分与整体的关系上来。这样的辨

析对于完善学生对分数的认识是十分有帮助的。第二小题，教师为学生准备了 10 枚 1 角钱硬币和 2 枚 5 角钱硬币，让学生从中取出 $\frac{1}{2}$。这道题，学生可以从硬币的不同属性（数量、币值等）入手，从中取出 $\frac{1}{2}$。这样的练习，有助于发散学生的思维，在不同的取法中感受 $\frac{1}{2}$ 的含义。

在练习设计上，教师应当抓住新知学习中的关键，设计富有思维含量的检测题，使学生在自我检测过程中，不仅完成对新知的巩固，同时开启对所学知识新的思考和探索。由此，学生的学习将进入一个更广阔、更精彩的天地。

从思辨的视角反思"分数的初步认识"一课的教学

"分数的初步认识"一课，是学生学习分数相关知识的起始课和种子课。分数和整数、小数相比，从数的格式、读法、写法等方面都有比较大的区别，且分数在生活中的应用没有整数和小数那么普遍和广泛，因此，学生学习分数有一定的难度。本节课，教师能够跳出传统教学的藩篱，注重引导学生进行有效思辨，在掌握分数的同时，发展学生的思维能力。

一、课前预习，留出思辨时空

本节课的教学，既要初步学习分数的意义，还要学习分数的读法、写法等内容，内容多且细碎。教师引导学生进行课前预习，将难度较低的分数的读法、写法等内容在课前自主学习掌握，既培养了学生自主学习的能力和习惯，而且为课堂探究留出了空间，使学生在课堂上能够针对分数的意义这一难点进行足够充分的思考与学习。对于一些学生有能力自学的内容，教师可以适当布置一些预习作业留在课前完成，为课堂留足思辨的时空。

二、精心设题，碰撞思辨火花

分数既可以表示数量，也可以表示"率"；既可以表示部分与整体的关系，也可以表示两个量之间的关系。分数的意义看起来不难，其实要让学生真正掌握不容易。在本节课教学中，为了帮助学生理解分数的意义，教师设计了两个教学活动，注重引导学生进行比较和辨析，抽丝剥茧，帮助学生真正理解和掌握分数。

第一个活动是折纸。通过折出一张纸的$\frac{1}{4}$，进一步学习分数的意义。在实践操作之后，教师提出了两个问题：同一个正方形，折法不同，每一份的形状不同，为什么涂色部分表示的都是这个正方形的$\frac{1}{4}$；不同形状的图形，折法不同，为什么涂色部分表示的都是这个图形的$\frac{1}{4}$。两个问题，各有侧重，又有所递进。帮助学生在辨析"相同与不同"的过程中，摒弃了形状、大小等非本质属性，抽象出了分数的意义。比较和辨析，是这个环节采用的主要学习方法，起到了很好的作用。

第二个活动是找小棒。教师手持一根小棒，学生从自己的小棒堆里找出一根小棒，使它是老师手里小棒的$\frac{1}{2}$、$\frac{1}{3}$……这个活动，需要学生在理解分数意义的基础上，运用估测等方法来完成。这个活动，帮助学生理解了分数的另一个重要意义，它可以表示两者之间的关系，可以是一种率。通过这个活动的思考与实践，学生对分数的意义有了更全面的理解和感知。

三、巧设练习，延续思辨价值

本节课的习题虽然不多，但设计比较精巧。看起来不难，但对培养学生思维的灵活性和深刻性有较好的帮助。例如，判断长方形中涂色部分是否是整个长方形的$\frac{1}{4}$，这道题判断的依据应该是涂色部分面积与整个长方形面积之间的关系。但教师在题目设计中，故意画出不等分的几份，对学生造成比较强的负面干扰，成了学生辩论的好题材。虽然学生一开始不能形成统一意见，但道理越辩越明，在深刻辨析之后，学生们明白了其中的道理所在。而从10枚1角钱硬币和2枚5角钱硬币中取出$\frac{1}{2}$，学生可以从人民币的不同属性出发，产生不同取法，很好地培养了学生思维的开放性和灵活性。

第三节　主线与重点，在思辨中得以凸显
——以"平均数"教学为例

"平均数"教学设计

一、教学目标

1. 在具体的情境中认识平均数，理解平均数的含义，了解平均数的特点和作用，会计算简单数据的平均数。

2. 能运用平均数的知识解释简单的生活现象和解决简单的实际问题，进一步积累分析和处理数据的方法，发展数据分析观念。

3. 体验运用数学知识解决问题的乐趣，体会数学与生活的密切联系。

二、教学过程

1. 创设情境，激趣导入

（1）创境：男女生"1 分钟投篮 PK 赛"，成绩如下图。

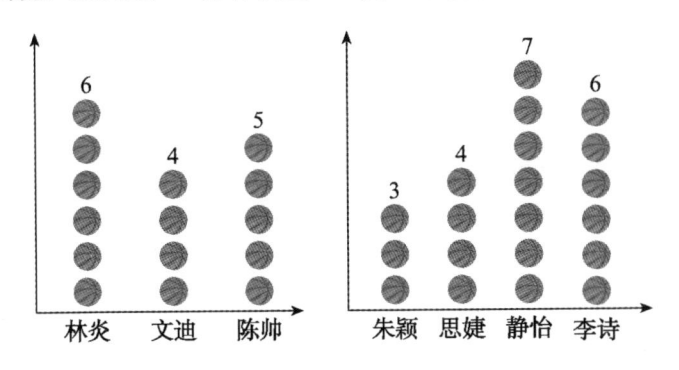

（2）思考：哪一队的成绩好呢？

（3）讨论：比两队投篮总数可以吗？比两队各自的最好成绩可以吗？比各自成绩最差的呢？

（4）质疑：该用哪个数据代表整支队伍的整体水平呢？

【设计意图：课始，教师创设贴近学生生活实际的情境，易于引发学生探究的兴趣。由于男女生队人数不同，学生用"比总数""比最大值""比最小值"等方法都不适用，从而产生找寻合适的数据代表的需要。】

2. 沟通联系，建立概念
(1)"移多补少"
①讨论：用哪个数代表整支队伍的整体水平？
②演示：根据学生回答演示课件。

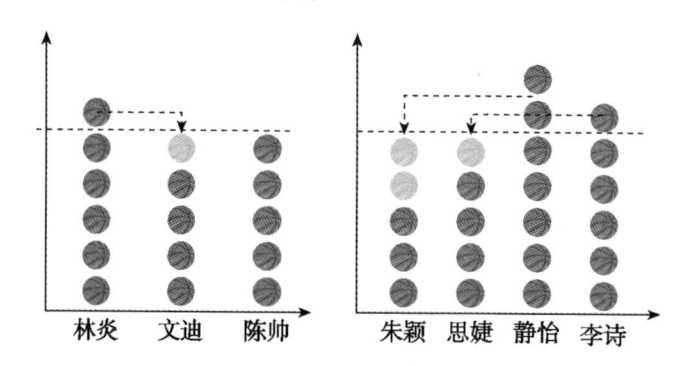

③概括：我们把通过"移多补少"后得到的同样多的这个数，叫做原来这几个数的平均数。

④思考：男生队要加入一个新成员参加比赛，如果他投中 5 个球，男生队的平均数有变化吗？6 个球呢？9 个球呢？

⑤小结：平均数很敏感。

(2)"先合后分"
①创境：出示全班各个小组投篮的总个数。

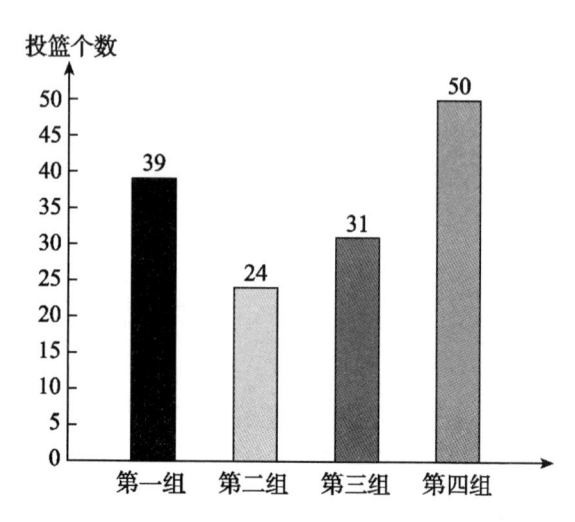

②估算：全班各组投篮的平均数大约是多少？有可能是 24 吗？有可能是

50吗？为什么？平均数这条线大概在哪个位置？

③计算：学生尝试移多补少，出现困难时另辟蹊径，用计算的方法求平均数。

④概括：总数÷份数＝平均数

（3）沟通联系

①师：用计算的方法求平均数的过程，也是"移多补少"的过程。

②讨论：比较一下超过平均数的部分和不到平均数的部分，你有什么发现？

【设计意图：学生通过独立思考、小组讨论，自主找到平均数，从而认识平均数。当数据较小时，学生容易想到"移多补少"的方法；当数据较大时，"移多补少"显现出了它的局限性，学生容易想到"先合后分"的方法。教师以课件辅以直观演示，使学生看到"计算"背后的实质仍是"移多补少"，从而沟通两种方法之间的关系，树立对平均数概念的正确认识。】

3. 灵活应用，深化理解

（1）判断

在为灾区捐款的活动中，三年2班平均每位同学捐款30元，那么全班每位同学一定都捐了30元，对吗？

学生分析说理，课件呈现每位同学的捐款数进行验证。

（2）估计

①水果糖，9元/千克；牛奶糖，15元/千克。将1千克水果糖和1千克牛奶糖混合成什锦糖，每千克什锦糖多少元？

②将水果糖和牛奶糖混合后，还得到了以下两种价格的什锦糖：

(1) 10元/千克　　　(2) 14元/千克

③第一种什锦糖里，什么糖多一些，什么糖少一些？第二种什锦糖呢？

1千克水果糖和10千克牛奶糖混合成什锦糖，每千克什锦糖多少元呢？解决这个问题，应该用下面哪个算式，为什么？

A. (9＋15)÷2　　　B. (9＋15×10)÷11

（3）决策

出示：1分钟跳绳选拔赛成绩表及思考题。

1分钟跳绳选拔赛成绩表

	第一次	第二次	第三次	第四次	第五次
东东	109	115	110	111	105
亮亮	85	92	140	125	108

问题：对手平均每分钟跳 106 下，选谁去比赛？

如果对手平均每分钟跳 120 下，选谁去比赛？

【设计意图：在练习中进一步深化对平均数的理解，感受平均数的虚拟性，体会样本平均数的价值，初步了解加权平均数的意义，能根据一组数据的离散程度对平均数进行分析并作出决策。结合具体的生活实例，感受平均数在生活中的应用，并在判断、推算、估测、决策的过程中，培养学生的模型思想、推理能力和数据分析观念。】

4. 回顾反思，总结全课

"平均数"备课思考之一
——"数"里有乾坤

"平均数"是"统计与概率"领域的教学内容之一。日常生活中，平均数经常由计算得到，因此以往的教学忽略了其统计学意义，甚至将之纳入了解决问题的范畴。换言之，学生会算平均数，却不能从平均数入手进行数据分析，作出决策。其实，计算也好，分析也罢，两者不可偏废。尤其在先前"重计算轻分析"的错误倾向影响下，教师应当更加重视对其统计学意义的挖掘，从对平均数的分析中，培养学生的数据分析观念。对平均数的认识，应该经历从"线—面—体"的不断充实、逐渐丰满的过程。

一、线——沟通联系，建立概念

在概念建立之初，教师应当引导学生理解平均数的真正内涵。如果片面地侧重于计算，学生就会产生平均数只是一个"计算结果"的先入为主的认知，这对于学生在学习过程中建立数据分析观念是不利的。

学生在日常生活中已经积累了一些关于平均数的经验，例如教师经常告知学生每单元考试的班级平均分等等。因此，学生大都认为平均数是计算得来的，对其中"移多补少"过程的认识基本属于空白。平均数就是将几个数据进行"移多补少"之后所得到的"一样多的那个数"，计算背后的实质也是"移多补少"。因此，教学中应当重点突出"移多补少"求平均数的过程，帮助学生建立平均数的概念；同时，沟通"先合后分"（即计算）与"移多补少"的联系，从而帮助学生完善对平均数概念的理解。

在这部分教学中，教师应当设计好生活情境，引导学生在"找一组数据的代表"的过程中，感受到平均数表示一组数据"一般水平"的本质意义。同时，在数据的设计上要花心思，使学生产生"移多补少"或者"先合后分"的需要。课伊始，教师可以设置人数不等的两支队伍（男生队和女生队）进行"一分钟投篮比赛"的情境。由于两队的人数不等，学生以往"算总数"的方法在这里并不适用。找两队各自的"最大值"作为数据代表进行比较不合适，找"最小值"亦然。在这种矛盾冲突中，学生产生了新的疑惑："到底找哪个数来代表整支队伍的一般水平呢？"教师在数据大小的设置上要巧花心思，力求使"移多补少"的思路水到渠成。例如，男生队的三名队员投篮数量分别为6个，5个和4个，且用象形图进行显示。学生在寻找代表男生队投篮一般水平的数时，容易想到"移多补少"，从而找到"5"这个平均数。"移多补少"的思维过程，是学生对平均数的第一次亲密接触，在移补的过程中，他们对于平均数的产生及其意义有了初步的理解。接着，教师可以设置另一组数据——四个小组投篮的个数为39个、24个、31个、50个，让学生算一算平均每组投篮多少个。由于数据变大，且数据显示方式由象形图改为了条

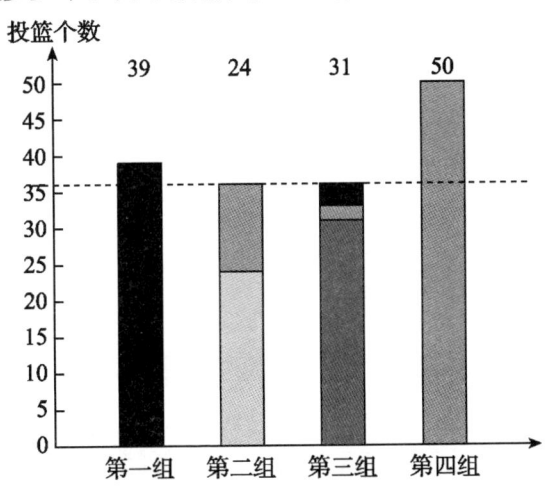

形图，学生进行"移多补少"时产生了困难，由此自然产生了"先合后分"的计算的想法。这里，计算不是旧有经验的重现，也不是教师的教授给予，而是学生自然生发的需要。学生在计算之后，教师应当利用多媒体课件再现"39、24、31、50"这四个数据之间"移多补少"的过程（如上图），沟通"移多补少"与"先合后分"之间的联系，使学生感受到计算背后的实质仍是"移多补少"，从而建立对平均数概念的正确认识。

二、面——多维思考，深化理解

学生建立了平均数的概念，学会了求平均数的方法，这还只是对平均数的初步感知。要实现在教学中培养学生的数据分析观念，还得引导学生从多角度对平均数进行探索，理解平均数的诸多特点。

平均数具有敏感性，容易受到一组数据中每个数据变化的影响；平均数总是介于一组数据的最大值和最小值之间；一组数据中每个数与平均数之间的离均差之和等于0……平均数的这些特点，不能通过说教的方式让学生接受，而应该引导学生在数据分析的过程中自然而然地体会和感悟。为此，本节课教学中，教师可以巧妙地设计"问题串"，引导学生在思考的过程中对平均数"抽丝剥茧"，深化对平均数的理解和认识。

男生队和女生队之前因为人数不等，所以以平均数作为数据代表"一决胜负"。由于男生队比女生队少1人，教师可以设置男生队要求"加1人"再比赛的数据。而多出的这一个人，正是引发学生进行深入思考的契机点。男生队之前三个人的投篮个数是6个、4个和5个，四号队员投篮的数量会对平均数产生影响吗？这个问题具有比较大的拓展空间。教师可以引导学生思考如下几个问题：

（1）如果四号队员投篮个数是5个，男生队的平均数会变吗？为什么？

（2）如果四号队员投篮个数是6个，男生队的平均数会变吗？变化大吗？

（3）如果四号队员投篮个数是9个或者13个，男生队的平均数会变吗？变化大吗？

在这一系列问题的思考与讨论中，学生会感受到：如果新增的数据与平均数相同，那么平均数不会发生变化；新增的数据与原平均数差距越大，平均数的变化也就越大（即平均数容易受到极端数据的干扰和影响）。

在讨论"全班平均每个小组投篮多少个"（即求39、24、31、50的平均数）这个问题时，教师先不要急着让学生找平均数，可以让学生先估一估平均数大概是多少。教师可以继续提问："它们的平均数可能是 24 吗？可能是 50 吗？为什么？"在说理的过程中，学生对平均数介于最大值与最小值之间会有切身的体会。在找到平均数之后，教师可以引导学生观察条形图，找一找各个数据超过平均数的部分与不到平均数的部分之间有什么关系，从而发现各个数据与平均数的离均差之和等于 0。

总之，教师要让学生在观察、思考、讨论的过程中，对平均数的特点进行较为深入的剖析和认识。只有体会到平均数的这些本质特点，才能感受到其统计学意义，理解其在数据分析及判断决策等方面的作用。

三、体——深入浅出，适度拓展

学生在学习了平均数的概念和求法之后，难免会产生一个疑问："学习平均数有什么用？"如果学生的意识中，对平均数的价值只停留在作为判断胜负的一个依据上，那么，学生数据分析观念的建立会显得苍白无力。教师应该设置富有生活气息的情境，引导学生在实际生活情境中分析平均数，运用平均数进行判断和决策，从而达到培养学生数据分析观念的最终目的。

1. 感受平均数的虚拟性

平均数并不是一组数据当中的任何一个，它代表的是一组数据的整体水平。平均数的虚拟性对学生来说略显抽象，教师应当引导学生回归生活，从实际生活中去体会和感悟。例如，学校篮球队员的平均身高是 160 cm，篮球队员明明是不是就一定比亮亮（158 cm）高呢？通过类似问题的辨析，学生对平均数的虚拟性会有更深刻的体会，也更能体会到平均数的本质意义。

2. 感受样本平均数的价值

生活中，我们经常会从一组数据中取一些样本来计算平均数，并用这个平均数来代表全体数据的整体水平，这是样本平均数在生活中的广泛应用。在本节课教学中，可以设计一些相关的生活情境，使学生体会到抽样计算平均数的实际价值。例如，通过计算四颗大小不一的橙子的平均重量，就可以大致推算出一箱橙子（30 个）的总重量。通过这样的练习，使学生体会到平均数在日常生活中的应用价值。

3. 感受加权平均数的意义

本节课学生主要认识"算术平均数"，然而当一组数据中每个数据的权重发生变化时，平均数也会随之发生微妙的变化。如何让学生体会到这其中权重的微妙变化，使之对平均数的认识更加丰满而全面呢？我们对教材的处理要深入，更要浅出。教学中，可以设置学生熟悉的购买糖果的情境。水果糖每千克9元，牛奶糖每千克15元，将1千克水果糖和1千克牛奶糖混合成什锦糖，这种什锦糖每千克多少元呢？解决这道题目，是对本节课知识的应用。在此基础上，教师可以引导学生进一步思考，如果混合成1千克10元的什锦糖，这1千克什锦糖里，哪种糖多、哪种糖少呢？如果混合成1千克14元的什锦糖，里面的糖又是怎样搭配的呢？在渐次深入思考的过程中，学生能感觉到数据的权重发生了变化所导致的平均数的变化。这里，只轻轻地帮学生打破数据权重的平衡，而不去探究各个数据的权重到底是多少。其教学旨归仅在于丰富对平均数的认识，而不对此做更深入的探索。

4. 感受平均数的"离散性"

平均数作为一组数据的代表，能帮助我们对事件做出判断和决策。相同的平均数，其背后一组数据的离散程度有所不同，因此在做决策判断时，还得结合实际情况具体分析。这样的数据分析过程，正是培养学生数据分析观念的良好抓手。教学中，可以设置这样的练习情境，两名学生平均每分钟跳绳110下，该选谁参加年段跳绳比赛呢？虽然两名学生每分钟跳绳的平均数相同，但他们5次的跳绳成绩情况大不相同。一名学生成绩稳定在"110下"上下，离散程度较小；一名学生成绩忽高忽低，离散程度较大。这时，教师引导学生思考两个问题：如果全年段学生平均每分钟跳绳106下，该选谁参赛？如果我们班的对手平均每分钟跳绳120下，该选谁参赛？学生在思考问题的过程中，必须要根据实际情况对数据进行分析，从而做出决策。这样的思考过程，既能让学生感受到平均数背后数据的离散程度所带来的影响，也有利于培养学生的数据分析观念。

平均数虽小，"数"里有乾坤。教师应当对平均数进行深入的挖掘，以生动有趣的形式引领学生们逐步理解其本质，并从中培养数据分析意识。沟通联系、横向铺陈、纵向拓展，学生对平均数的认识将更加立体，更加全面。

"平均数"备课思考之二
——明晰主线，凸显重点

与传统重视知识技能的掌握不同，核心素养的培育更加注重学生长远的发展。其价值取向不再是可量化的卷面分数，而是培养有利于学生终身发展的综合素质。学科核心素养的培养不是空谈，它应当渗透在每一节数学课堂教学中。

平均数是统计与概率的教学内容之一，在生活中常常由计算得到。因此，教学中，教师常常过于强调平均数的计算，甚至将之纳入解决问题的范畴，而忽略了其统计学意义。教师应当充分挖掘平均数中丰富的素养内涵，以培育学科核心素养为教学旨归，带领学生经历"点—线—面—体"的不断充实、逐渐丰满的认知过程。

一、充分挖掘学科素养的培养点

"平均数"一课，具有丰富的提升学科素养的挖掘点。这节课在教学领域的划分上颇有些"跨界"的意味。它是一个统计量，具有重要的数据分析的价值，属于"统计与概率"的教学范畴；它是一个概念，学生学习过程中要经历从具体到抽象的概念建立的过程；它通常由计算得来，可以提炼出计算模型，学习过程亦是模型建构的过程。正因为其教学内容如此丰富，使得学科素养的培养点丰富而多元，课的实施显得丰厚而充实。

在认识、分析及运用平均数的过程中，我们可以发展学生的数据分析观念，增强其数据分析意识，培养数据分析能力；在平均数的概念建构过程中，我们可以培养学生的数学模型思想；在实施教学及练习过程中，我们可以相机培养学生的几何直观意识、应用意识、推理能力和抽象能力，等等。这些学科素养的培养点并非平均分布、均匀使力，也非紧抓某一点而忽略其他。教学中，教师应当根据教学内容的编排特点、学生的学习规律等，确定好贯穿课堂学科素养培养的主线，把握本节课学科素养培养的重点，使课堂教学结构清晰，层次丰满，彰显素养的培育。

二、以数据分析观念的培养为主线

平均数反映了一组数据的集中程度，代表着一组数据的一般水平，是日常生活中经常用做判断、决策依据的统计量。毋庸置疑，数据分析观念的培养将成为本节课教学中学科素养培养的主线，贯穿于课的始终。

课伊始，教师可创设男女生两支队伍进行"一分钟投篮PK赛"的情境，且男女生人数不等。在"到底哪支队伍比赛成绩好"这个问题的引领下，学生开始寻找"数据代表"的思考之旅。有些学生根据以往的经验，可能想到"比总数"的方法，但由于人数不等，这个方法显然不行。有学生可能想到"比最大值""比最小值"等方法，但最大值和最小值代表整支队伍的投篮水平同样不合适。在这种"左右寻而不得"的窘境中，学生会急切需要寻找一个合适的新的"数据代表"，学习动机就此激发。在这个过程中，学生将会体会到"同样的数据可以有多种分析方法，需要根据问题的背景选择合适的方法"，这正是对数据分析观念的一次有效渗透。

平均数作为一种统计量，引导学生对其进行分析是不可少的。对平均数进行分析的过程，正是学生发展数据分析观念的过程。教师可巧妙设计习题，使学生在练习中经历数据分析的过程。在本节课的练习环节，教师可设计以下习题：

师：我们年段将举行男生的1分钟跳绳比赛。东东和亮亮参加了班级里的选拔。两个人1分钟跳绳的平均数都是110下。

课件出示：

1分钟跳绳选拔赛成绩表

	第一次	第二次	第三次	第四次	第五次
东东	109	115	110	111	105
亮亮	85	92	140	125	108

笑笑：听说我们班的对手1分钟跳绳的平均成绩是106下，该选谁去参加比赛？

笑笑：之前打听到的消息有误。我们班的对手一分钟跳绳的平均成绩是120下，又该选谁参加比赛呢？

这道题中，两名学生1分钟跳绳的平均成绩都是110下。是否平均数相同，就意味着两个人的跳绳水平相当、情况相仿呢？借助两个问题，教师可引导学生根据实际情况对数据进行分析，并做出判断和决策。两名队员1分钟跳绳的平均数虽然相同，其数据离散程度却各有不同。在做决策时，学生既要以平均数作为数据代表进行判断，又要考虑其数据的离散情况以作决策。学生在解决问题的过程中发展了数据分析观念，这种体验对学生而言弥足珍贵。

三、以模型思想的培养为侧重点

除了数据分析观念的培养，教师还可以根据教学环节的设计适时地融入模型思想、几何直观、推理能力、抽象能力等学科素养的培养。教师应当充分挖掘知识技能背后隐含的数学思想方法，适时适度地体现，以发展学生的学习能力，培养学科素养。

平均数是一个概念，其概念建立的过程正是数学模型建构的过程。因此，模型思想的培养是本节课的另一重点。平均数与"平均分"由于计算方法相似，很容易发生混淆。"平均分"是一个实际发生的"动作"，而平均数是数据之间进行"移多补少"之后找到的一个虚拟数。在教学平均数概念时，如果在用课件呈现数据之间"移多补少"的过程中将实物进行移补，将不利于学生理解平均数的虚拟性，影响其对平均数概念的建构。因此，在构建平均数模型时，教师要沟通计算与"移多补少"之间的联系，经历数学建模的过程，使学生正确理解并建构概念。

当一组数据较小时，学生容易通过"移多补少"找出平均数；而当一组数据较大时，"移多补少"的方法就会显现出它的局限性。此时，计算就成了学生的最佳选择。教学中，教师可设置四个小组分别投篮的情境，在出示了全班四个小组投篮的数量（39个，24个，31个，50个）之后，教师引导学生思考"平均每个小组投篮多少个"。教师并不急于让学生求出平均数，而是先让学生估一估，并在条形统计图上指一指这四个数据的平均数大约在哪儿，并提问："平均数可能是24吗？可能是50吗？为什么？"这一过程是学生在脑海中粗略进行"移多补少"的过程，是对平均数概念的进一步建构，也使学生初步体会到平均数总是介于最大值和最小值之间的这一特点。学生在条形统计图上指出平均数的大致位置之后，教师根据学生的估测用课件进行"移多补少"的演示。学生在估测、检验的过程中会发现，如果把平均数估大了，超出的部分不足以将不够的部分填满；如果把平均数估小了，超出的部分填充完还有剩余。在这种矛盾冲突下，运用计算求平均数的方法呼之欲出。在学生用"总数÷份数"求出平均数之后，如果教师忽略了沟通计算与"移多补少"之间的关系，那么学生对平均数的认识将是残缺的，甚至会与"平均分"混淆。这时，教师应及时运用课件进行直观演示，使学生看到超出的部分正好填补了不足的部分。学生通过观察和思考，发现了计算背后的实质仍是"移多补少"，从而沟通了两种方法之间的联系。这时，教师再适时引导学生提炼出"总数÷份数＝平均数"的计算模型，便能较好地实现对平均数概念的建构。在后续的练习环节中，教师可再精心设计多个习题来帮助学生应用模型、拓展模型。如求几个数的平均数这样的基础题，以帮助学生应用模型；"加权平均数"的简单应用等适度提高题，以帮助学生拓展模型。

除此之外，教师还应紧密结合教学内容，渗透其他数学思想方法。例如，在选择何种切入点来认识平均数这个问题上，教师并没有选择从抽象计算的角度入手，而是以直观的象形图、条形图为学习载体，为平均数的建构提供了具体形象的感性支撑，这培养了学生的几何直观意识。

四、适度拓展课堂的广度与深度

本节课练习题的设计，既要紧扣教学重点，设计基础应用习题，夯实学生的知识基础；又要挖掘平均数丰富的内涵，在广度上进行延伸，在深度上适度开掘，以帮助学生对平均数形成立体的认知。

在练习部分，教师设计了购买什锦糖的问题情境："糖果店里的水果糖每千克9元，牛奶糖每千克15元。如果将1千克水果糖和1千克牛奶糖混合成什锦糖，每千克什锦糖多少元呢？"学生需要应用"总数÷份数＝平均数"这一模型解决问题，从而实现对模型的应用和巩固。在此基础上，教师设计了思考题："如果将水果糖和牛奶糖混合成单价为10元/千克的什锦糖，里面什么糖多一些，什么糖少一些？如果是单价为14元/千克的什锦糖呢？"这个问题的设计，巧妙地渗透了"加权平均数"的相关内容。学生在思考这个问题的过程中，体会到当水果糖和牛奶糖的权重发生变化的时候，平均数也会随之发生变化。这里不强调牛奶糖与水果糖的具体配比（即权重），而只是让学生根据第一小题所获得的信息进行合情推理，推测出不同价格的什锦糖里面水果糖和牛奶糖的搭配情况。在这一思考过程中，培养了学生的推理能力。当学生对"加权平均数"有了初步的感悟之后，教师设计了"把1千克水果糖和10千克牛奶糖混合成什锦糖，每千克什锦糖多少元"的问题，这是对"加权平均数"的尝试和探索，是对平均数计算模型的拓展。为了降低思维难度，教师应采用选择题的练习方式。其主旨不在于掌握加权平均数的计算方法，而在于培养学生灵活运用数学模型的能力，丰富其对平均数的认识。

一名教师能看得多远，就能带领学生走得多远。如果将教学的着力点放在"知识技能"的掌握上，那么学生可能收获完成作业、试卷的快意；如果将教学的着力点放在"学科核心素养"的培育上，那么学生将收获终身受益的数学思维方式、思想方法。

从思辨的视角反思"平均数"一课的教学

"平均数"这一教学内容属于"统计与概率"这一学习领域，其教学重心应当放在培养学生的数据分析观念。然而，与统计图、统计表不同的是，求平均数有计算模型，不少教师容易将"平均数"这节课上成解决问题的课型。这节课，数据分析观念的培养是重心，模型的建立也重要。如何引导学生进行有效思辨，使数据分析观念和模型思想悄无声息进入学生的心田呢？我们不妨来回顾这节课的教学。

一、估——在思辨中建立模型

学生对平均数比较熟悉，甚至不少学生在学习本课之前，已经知道了平均数的求法。但是，会求平均数不代表理解平均数的意义。一定程度上说，学生已经会求平均数，反而阻碍了他们对平均数概念的认识和建立。什么是平均数？平均数就是一些数据之间"移多补少"之后"变得一样多"的那个数，用平均数可以代表一组数据的整体水平。用总数除以份数求出平均数，其背后的实质也是"移多补少"。怎么让学生理解平均数的本质呢？"估"是一个不错的路径和手段。

在这节课的教学中，四个小组的投篮数用条形统计图呈现之后，教师提出了一个很有思辨价值的问题："四个小组投篮数的平均数大概在统计图的哪个位置"。这里，教师不要求准确计算，只要大概估一下平均数这条线的位置即可。学生怎么找到平均数这条线呢，最简单而又原始的方法就是"移多补少"，而这正是理解平均数本质的很好的过程体验。学生们估测之后，教师指名若干学生上台指出他们估测的平均数这条线的位置，并让台下的学生们辨析是否准确，谈出自己的观点和理由。之后，教师再用课件对学生们的估测进行验证，便于学生进一步调整自己的估测。这里，"思考—估测—辨析"的过程，就是学生们理解平均数的概念的过程。学生怎么估测出平均数这条线的，就是他们在脑海中对四个小组投篮数的直条进行了移多补少。学生辨析和教师验证的过程，也很好地体现了平均数"移多补少"的本质。学生在估测和思辨的过程中，还发现了平均数总是介于最大值和最小值之间、平均数的离均差之和等于 0 等平均数的特性，形成了对平均数的准确而完整的认知。

二、用——在思辨中培养观念

平均数不只是求出来的，关键还要会用，要发挥平均数在数据分析方面的作用和价值。教师在教学中创设了几个用平均数的情境，引发了学生的思辨，很好地培养了学生的数据分析观念。

例如，本节课练习中设计的"1 分钟跳绳选拔赛"的习题就具有比较好的思辨价值。两个候选选手 1 分钟跳绳的平均数相同，是不是就意味着两个人的跳绳水平完全一样呢？这是值得学生去思考和玩味的问题。虽然东东和亮亮 1 分钟跳绳的平均数都是 110 下，但从两个人 5 次的跳绳成绩来看却很不相同。东东属于"稳健型"选手，成绩稳定但不拔尖；亮亮属于"爆发型"选手，成绩忽上忽下。在选派选手时，学生们既要考虑他们跳绳的平均数，从平均数来分析两个人的跳绳水平；又要从 5 次跳绳的成绩来看，看看两个人的比赛特点。在派人参赛这个问题上，学生产生了思考，也进行了争辩。在辩论的过程中，学生越来越明晰该如何去分析数据，如何在分析数据的过程中做出准确的决策。这样的教学，比之各种求平均数的变式练习更有意义，因为学生真正经历了分析数据、做出决策的过程，这体现了平均数作为一个统计数据的真正价值。

第四节　算理和算法，在思辨中形成整体
——以"口算乘法"教学为例

"口算乘法"教学设计

教学内容：三年级上册第 56 页、第 57 页的例 1、例 2

教学目标：

1. 掌握整十、整百数乘一位数和两位数乘一位数的口算方法，能够正确的进行口算。

2. 进一步培养学生的计算能力、迁移能力和归纳概括的能力。

3. 经历多位数乘一位数的口算方法的形成过程，体验计算方法的多样性。

4. 感受数学与生活的密切联系，进一步激发学生的学习兴趣及对数学知识的亲切感。

教学重点：掌握整十、整百数乘一位数和两位数乘一位数（不进位）的口算方法。

教学难点：理解整十、整百数乘一位数和两位数乘一位数的口算算理。

课前准备：

学生准备：学习单、小棒。

教师准备：多媒体课件。

教学过程：

（一）复习旧知，激趣引入

课件出示若干口算题（2×3，5×7，8×6，7×9，6×3），学生口算。

师：我们已经学过了用乘法口诀进行乘法的口算，口诀表里得数最大的一句口诀是——？如果乘法算式超出了口诀表，你们还会算吗？这节课，我们继续学习口算乘法。

（二）理解算理，形成算法

1. 例1教学

谈话：最近各个学校都在组织秋游。在秋游活动中，老师为小朋友们准备了3盒棒棒糖，每盒20根，你们可以提出一个数学问题吗？

生：一共有多少根？

师：这个问题怎么解决呢？谁能列个算式？

生：20×3。

师：在我们学过的乘法口诀表里，能找到20×3吗？超出了口诀表，这道算式你们会算吗？等于多少？

师：60是怎么算出来的呢？

生：0先不看，用2×3等于6，后面加上一个0。

师：为什么可以这样算呢？请你们摆一摆小棒，把为什么这么算的道理说给大家听。老师为同学们准备了一些小棒，瞧，有单根的，这是1个一；有10根捆成一捆的，这是1个十；还有100根捆成1捆的，这是1个百。请你们挑出自己需要的小棒，将自己计算20×3的想法摆出来，试着说一说计算的道理。明白吗？

学生摆小棒，师巡视，让学生边摆边说是怎么算的。

指名汇报。

生$_1$：20×3＝60　　想：20＋20＋20＝60。

生$_2$：20×3＝60　　想：2个十乘3是6个十，就是60。

师：为什么20乘3，可以用二三得六这句口诀算出结果呢？这里的二是指什么？（板书：2个十×3＝6个十）

师：同学们都选择了整捆的小棒来摆。有位学生是这么摆的（小棒散开），他摆得对吗？你们为什么不这么摆呢？

生：太麻烦了。

师：嗯，你们的摆法很高明。除了不麻烦，比较简捷之外，这其中还藏着一个很有意义的道理呢。你们这种摆法好在哪儿呢？

师：20乘3，在口诀表里没有。但是我们这么一捆，把20变成2个十，就能用口诀来计算了。一捆，就把表外乘法转成了表内乘法。

师：同学们会算20×3＝60，那么屏幕上这两道题目你们会算吗？（课件出示：30×3，200×4）

指名回答。

师：30×3，为什么可以用3×3等于9，然后后面补一个0？谁能不用小棒，也能说清楚其中的道理呢？

师：200×4，这道题怎么算？为什么可以用二四得八算出来？二四得八在这道题目中，得到的是八个一吗？（当学生说八个百的时候，教师拿出一捆100根的小棒，帮助学生形成"百"的概念）为什么要在后面添上两个0？

师：观察这三道口算，想想整十整百的数乘一位数，应该怎么来计算又快又准确呢？

生：整十整百数乘一位数，只要先用口诀算出几乘几，再在积的末尾添0就可以了。

师：小朋友们真聪明。这样算，像这样在口诀表里找不到的乘法算式，也可以用口诀来计算。

师：同学们已经会计算了，我们来玩一个摘苹果的游戏。苹果树上结了很多苹果，苹果上写着乘法算式。看看，能用二四得八这句口诀计算的算式有哪些呢？谁来说一说？

师：现在，我们来开火车，看看谁能把屏幕上算式的得数快速地算出来，哪组小朋友愿意来开火车（开火车进行口算练习）？

2. 例2教学

（1）摆小棒，理解算理

师：老师除了准备棒棒糖之外，还为大家准备了一些蛋卷。你们看（课件出示蛋卷图片）。老师准备了3盒蛋卷，每盒12根，你能提出什么数学问题？

生：一共有多少根蛋卷？

师：怎么解决这个问题呢？谁来列个算式？（指名回答，板书：12×3）

师：到底有多少根蛋卷呢？我们再把小棒请出来。请同桌两个小朋友合作，用小棒来摆一摆，摆完后说一说你是怎么算的。

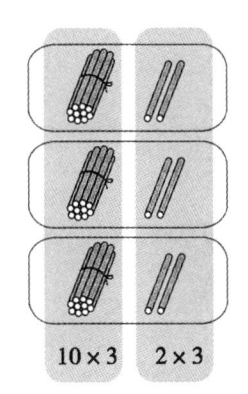

指名小组汇报。

生：先算10×3=30，2×3=6，再算30+6=36。

师：这两位同学是怎么算的呢？（学生说。课件出示：分）接着呢？（学生说。课件演示：算）最后呢？（学生说。课件演示：合）

师：通过分、算、合，我们轻松地算出了12×3的得数。同学们不仅会算，更会思考和总结。

（2）脱离小棒，形成导图

师：有了小棒的帮助，我们算出了12×3的结果。如果没有了小棒，你们还会计算吗？我们该怎么思考，怎么来口算呢？想不想试一试？（板书：12×4）

师：这道题我们该怎么想，怎么算呢？我们先——？（分）怎么分？接下来该做什么？（学生回答）接着——？（根据学生的回答形成导图）

师：你们能不能自己试着算一算，拿出口算单，自己算一算，同桌说一说。

学生填写口算单，同桌交流。

（3）掌握技巧，脱口而出

师：同学们的计算方法很巧妙，有两位小朋友也想分享她们的算法。我们先来看看她们是怎么算的？

播放课件：

$$23 \times 2 = 46$$

美美：我这样想，把20乘2这个式子记在心里，直接说出得数40；把3×2记在心里，直接说出得数6，合起来就是46。

丽丽：这个方法真不错，我也来试试，四十……六。

师：你们能不能也照着这个方法试一试？谁来算一算这道题？（课件出示）

师：这两位同学做到了口算乘法的得数脱口而出，你们也能做到吗？现在请同学们拿出信封中的算式卡片，同桌互相考一考。

（三）回顾反思，全课总结

师：这节课我们学习了什么？我们通过把整十数看成几个十，把整百数看成几个百，再和另一个数相乘，这样就把表外乘法转化成了表内乘法来计算。通过转化，我们可以让口诀表发挥更大的作用，解决更多的乘法计算的问题。

"口算乘法"备课思考之一
——口算教学"四部曲"

人教版三年级上册"口算乘法"一课的教学，是在学生学习了表内乘法的基础上进行的。口算乘法的教学不同于笔算乘法，有它独有的特点及方式，对于后续笔算乘除法的教学亦有着重要的铺垫作用。下面，笔者以"12×3"这道例题的教学为例，谈谈口算乘法的教学。

一、直观操作，理解算理

学生对口算算理的理解，要从直观的实物操作开始。学生通过对小棒的拼摆，可以将抽象的口算算式化为直观的形象图示。在摆一摆、算一算、说一说的过程中，学生对于口算的算理有了较为深入的掌握。

师：12×3到底等于多少呢？请同学们用小棒摆一摆，再算一算，和同桌说一说是怎么计算的？

学生摆小棒。

师：哪组小朋友愿意上来展示一下自己摆的小棒，并说说自己的算法？

展示小棒，如右图。

生$_1$：可以用12+12+12=36。

师：这位小朋友将乘法转化成加法，算出了得数，真不错。有没有不一样的方法呢？

生$_2$：先算整捆的小棒，用10×3等于30；再算单根的小棒，用2×3等于6。最后将30+6等于36。

师：哪一种方法更简单一些？

生：第二个同学的方法更简单。

师：我们再来回顾一下第二位同学是怎么计算的，你们看。（课件展示，如右图）

师：计算这道题，我们先做什么，再做什么，最后做什么？谁能再来说一说？

生$_3$：我们先把12×3分成10×3和2×3两个算式，接着我们算出两个算式的得数，10×3=30，2×3=6；最后再把两个算式的得数加起来，30+6=36。

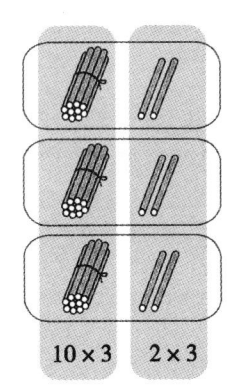

师：也就是说，我们经过了"分—算—合"三步，对吗？（板书：分→算→合）

在上述教学中，学生通过摆小棒，自主找寻计算12×3的方法。在小棒的直观帮助下，学生很容易地找寻到计算这道题的两种方法。将乘法转化为加法来计算，符合学生原有的认知基础，但这样的计算方法并不简便。在小棒的直观提示下，学生找到了另一条捷径——将整捆的小棒和单根的小棒分开来算，得到 10×3 和 2×3 两道算式，分别算出结果之后再将两个得数相加。对比之下，学生感受到了用乘法思维进行计算的优越性，并提炼出了"分—算—合"的计算方法。直观操作，为学生理解算理提供了强有力的支撑，也是学生提炼算法的重要基础。

二、形成导图，铺设桥梁

在充分的实物操作之后，学生能够依托"数小棒"算出得数。然而，小棒只是学习的"拐杖"，学生不能对之产生依赖。而直接由实物的直观操作过渡到口算方法的提炼，又显得有些操之过急，两者之间出现了一些思维空白。为了使口算教学更加"细腻"，我们有必要在算理和算法之间架设一座桥梁，帮助学生更好地实现"理""法"之间的过渡。

师：刚才，我们通过摆小棒，计算出了 12×3 的得数。如果没有了小棒的帮忙，你们还能口算出其他算式的结果吗？

师：（板书：12×4）这道题该怎么算呢？想想刚才我们摆小棒的过程。谁来试一试？

生$_1$：可以把 12 分成 10 和 2，那么，12×4 就可以分成 10×4 和 2×4 两个算式。10×4 等于 40，2×4 等于 8，40 加 8 等于 48。

教师根据学生的回答进行板书：

$$\begin{array}{c} 12 \times 4 = 48 \\ \diagup \quad \diagdown \\ 10 \times 4 \quad 2 \times 4 \\ 40 \quad + \quad 8 \end{array}$$

师：你们能不能像他这样，不摆小棒也能算出乘法算式的结果呢？拿出老师为你们准备的口算单，自己算一算，填一填，再和同桌小朋友说一说。

$$\begin{array}{c} 13 \times 2 \\ \diagup \quad \diagdown \\ \square \times 2 \quad \square \times 2 \\ \square \quad + \quad \square \end{array}$$

学生填口算单，同桌交流，指名展示汇报。

学生在经历了摆小棒之后，对两位数乘一位数（不进位）的口算方法有了初步的感知。如果没有及时对操作过程进行抽象和提炼，学生仍旧不能很好地进行口算。这时，利用思维导图是一个很好的辅助手段。通过建构导图，有利于学生脱离直观操作，梳理计算流程，对于后续形成算法起着重要的过渡作用。在上述教学环节中，教师先引导学生回顾摆小棒的过程，尝试着描述计算过程，教师根据学生的描述逐步形成思维导图。在学生"试水"之后，教师再引导学生独立填写口算的思维导图，使每个学生都能在脑海里经历"梳理"的过程，帮助学生实现了从直观操作到思维导图的抽象提升。

三、思维内化，提炼算法

学生通过导图的梳理，对如何进行乘法口算有了较好的掌握。然而，"会算"并不是口算的最终目标。口算与笔算的不同之一，就在于它要求学生快速地在脑海里进行一系列思维活动，并将口算得数脱口而出。要实现其中的"快""准确"等计算要求，学生就不能满足于"会算"，而应该在前面充分的直观操作、理解算理的基础上，对算法进行提炼。

师：同学们，你们都能算出口算乘法的结果了，真棒。有位小朋友丽丽，也想分享一下她的算法，你们想听听吗？

播放课件，并配以画外音：我是这样想的，把 20×2 记在心里，直接说出得数 40；把 3×2 记在心里，直接说出得数 6，得数是 46。

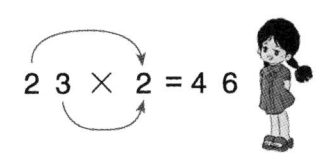

$$23 \times 2 = 46$$

师：这个方法怎样？对，美美觉得这个方法很好，也想来试试。你们看。

播放课件，并配以画外音：我也来试试，四十……六。

师：同学们，你们觉得这个方法怎样？

生：非常简便。

师：你们能像这两位小朋友一样，把计算过程想在心里，直接说出得数吗？

生：能！

师：拿出老师为你们准备的口算卡片，同桌互相考一考，算一算，看谁算得又对又快！

同桌进行口算活动。

学生通过摆小棒、填导图等活动，已经初步掌握了两位数乘一位数（不进位）口算的方法。虽然过程并不难，但相比以前表内乘法而言，程序要复杂了许多。如果停留在导图思维阶段，学生的运算速度难以得到提升。因此，有必要对计算方法进行进一步的提炼。在上述教学环节中，教师借由两个小朋友之口，向学生提示了快速口算的方法——将计算过程想在心里，将得数脱口而出。课件当中算式里两个箭头的出现，直观提示了学生思考的方向。从高位开始，经由两句口诀（二二得四、二三得六），再结合数字所在的位值，就可以快速说出结果。其原理与摆小棒、填导图一脉相承，但较之前面的操作、导图等手段而言更为抽象。这种口算方法的习得，是在学生充分地操作、思考的基础上形成的，水到渠成，自然无痕。之后，教师引导学生进行同桌之间的口算练习，以帮助学生掌握计算方法，并形成快速准确地口算的技能。

四、总结提升，深化认知

如果教师将教学目标定位在能够快速准确地进行口算，学生能习得的只有技能。虽然技能也是教学的"双基"之一，但它只停留在学习的浅层部分。要让一节看似简单的口算教学课具有深度和意味，挖掘其背后的基本数学思想方法是很重要的。在课的最后，教师有必要带领学生对学习过程进行回顾梳理，并适时进行提升。

师：孩子们，今天这节课我们学习了什么内容？

生$_1$：乘法口算。

生$_2$：表外乘法。

师：为什么说是表外乘法呢？

生$_2$：之前我们所学的乘法算式，都可以通过口诀直接得到结果。今天的乘法算式，在口诀表里找不到。

生$_3$：我不太同意他的说法。今天的乘法算式虽然不能在口诀表里找到，但我们把它变成了可以用口诀计算的算式。比如，23×3这道题，我们可以通过"二三得六"和"三三得九"两句口诀，算出结果69。

师：我觉得这两位同学的回答都十分精彩。确实，今天的乘法口算，超出了口诀表的范围，我觉得"表外乘法"这个说法很形象，很有意思。后面这位同学归纳得也非常棒。当遇到新问题的时候，我们总是想办法把它转化为学过的知识，这是我们学习数学的金钥匙。

一定程度上说，计算的学习就是不断转化的过程。无论哪一种运算教学，我们总在经历将新知转化为旧知的过程。在口算教学的过程中，我们不能只满足于学生能够快速准确地口算，更重要的是让学生体会探索计算新知的方法——转化。在上述教学环节中，教师引导学生对整节课的学习进行回顾和梳理，学生既感受到了两位数乘一位数与之前口诀计算的不同，更主动找到了两者之间的联系——我们在口算两位数乘一位数的乘法算式时，将它转化成了两句口诀进行计算。教师在学生充分表达的基础上进一步提炼，使学生感受到了转化在计算学习中的重要作用，给了学生一把继续探索计算世界的金钥匙。

口算是笔算的基础，也是数学学习的根基之一，其重要性不言而喻。口算教学之所以没有受到足够的重视，是因为教师对口算内容的解读过于表浅，对口算教学价值取向的认识过于片面。从直观操作到理顺思维，从提炼算法到升华认知，这样的学习经历对学生而言，其收获远不止技能的获得。教师能够把教学目标定位得准，把教材内容解读得深，把教学过程设计得巧，那么，简单的口算教学也能带给学生深远的影响和满满的收获。

"口算乘法"备课思考之二
——明算法，理脉络，巧孕伏

数学知识之间存在着千丝万缕的联系，它们总是以网状的形式而存在，这已经成为一线数学教师的共识。时至今日，忽略知识点之间的联系，就课教课的现象已经鲜见。然而，我们容易看到知识点之间的关联，却常常忽略其背后隐藏的更深层次的联系。找寻藏在知识点背后的"隐线"，进一步贯通知识点之间的深层联系，是值得我们思考和探讨的问题。

"口算乘法"是人教版三年级上册的教学内容。通过解读教材我们不难发现，这节课是在学生学习了表内乘法的基础上展开的，是学生从表内乘法向"表外"乘法的第一次延伸。学了这节课，将为后面的笔算乘法打下坚实的基础。在知识的延展方面，我们能够准确地把握住知识发展的脉络走向，那么，在其背后支撑的"隐线"是什么呢？

一、抓一个重点，凸显方法

"口算乘法"这节课的教学包含了两道例题——"20×3"和"12×3"。

当学生不能经由乘法口诀直接得到算式结果时，他们需要另辟蹊径，找寻新的计算方法。这个探寻的过程，离不开实践操作和具体直观的支撑。学生通过摆小棒，能够较轻松地找到计算的思路。计算"20×3"对学生而言较为简单，当学生将2捆小棒为一份，摆出这样的三份时，很容易想到用"二三得六"这句口诀算出有6捆小棒，也就是60根。教师引导学生在摆小棒的操作基础上进行抽象提升，从计数单位的角度去理解算理，学生便能较好地掌握整十整百数乘一位数的口算。

相比"20×3"，"12×3"这道口算对学生来说复杂了一些。要找到计算方法，学生仍然需要依托小棒的直观操作。学生可能会将12×3转化为"12＋12＋12"进行计算，然而聪明的学生在摆小棒的过程中会发现，将整捆的小棒和单根的小棒分开算，最后再把两个结果相加（如右图），这样的计算方法更加简捷方便。这是学生朴素的直觉式的想法，教师应当顺着学生的思维进一步凝练提升，将学生的操作过程抽象为思维导图，帮助学生将物化的操作活动提升为抽象的思维活动，在填写导图的过程中，引导学生进一步掌握计算方法。经由实物操作和填写思维导图两个教学环节之后，教师引导学生对计算的过程进行回顾和小结，学生自然而然地总结出了"分—算—合"的计算方法。在充分的实践操作和思维活动基础上对计算方法进行提炼，显得水到渠成，十分自然。

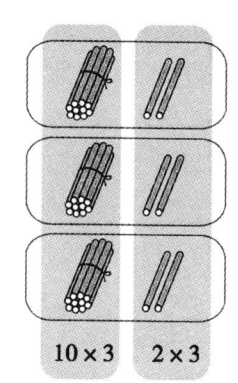

当乘法由表内乘法向表外乘法拓展时，"分—算—合"的计算方法就成了学生学习口算乘法的"金钥匙"。为了学生能够准确理解算理、提炼算法并形成技能，我们有必要带领学生在充分的操作和思考的基础上对"分—算—合"的计算方法进行总结，这也是这节课的教学重点。

二、寻一条主线，厘清脉络

对两位数乘一位数的口算乘法而言，"分—算—合"的计算方法可以起到很好的辅助计算的作用。之前学习表内乘法时，学生可以直接经由口诀得到得数。那么，"分—算—合"的计算方法对学生而言是第一次接触吗？之前的计算学习中，是否也有"分—算—合"的影子呢？

不妨让我们向前追溯，回到二年级上册"100以内的加减法"这一单元中。学生在学习"两位数加减两位数的笔算"这节课时，需要通过摆小棒协助理解算理。学生在计算"35＋32"这道例题时，通常会这么摆小棒（如下图）。学生将整捆的小棒放在一起，将单根的小棒放在一起，分别计算，最后再把两个结果相加。这里，学生也经历了一次"分—算—合"的计算过程。

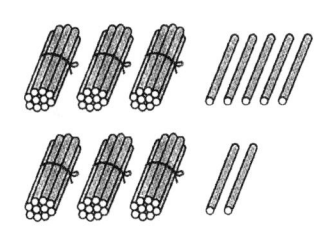

将两位数加减两位数和两位数乘一位数的口算乘法相比之后不难发现，两种计算都经历了"分—算—合"的计算过程。看似有区别，其实，其背后实质是相通的。这就是，只有相同计数单位的数才能直接相加减。所以，我们先"分"，将不同计数单位的数分开；再"算"，分别算出各自的结果；最后"合"，将所有的结果加起来。

往前追溯，我们找到了其源头；往后观望，"分—算—合"的计算方法在笔算乘法中继续发挥着重要的作用。在三年级下册"笔算乘法"的教学中，在学习"14×12"的笔算时，学生仍然需要借助"分—算—合"的已有经验，将14×12进行拆解和计算。在教学中，有的学生将14×12拆成14×4×3（其实就是14×4＋14×4＋14×4），有的学生将之拆成14×3＋14×9，有的学生将之拆成14×5＋14×7……在经历了各种拆分和比较之后学生们会发现，将14×12拆成14×10＋14×2，可以快速准确地算出结果。在后面的笔算教学中，学生仍然沿着这一思路进行竖式的学习。在这节课的教学中，"分—算—合"这一计算方法的使用尤为突出和重要。与口算乘法相比，笔算乘法的拆分更加复杂一些。将笔算乘法的拆分继续往下深究，其背后的原理仍然是相同计数单位的数才能直接相加减。

从加减法的计算，到口算乘法直至笔算乘法，"分—算—合"的计算方法贯穿其中，一脉相承。随着计算的复杂程度增加，其应用愈加明显且重要。我们应该紧紧抓住这条方法脉络，使之成为学生学习计算的有力支撑。

三、铺一条路径，巧妙孕伏

如前所述，我们在计算教学的过程中，往往关注到知识点的前后衔接，而忽略了其背后方法的联系。尤其对"口算乘法"这样的教学内容,一线教师往往认为它内容简单,较少去挖掘其背后的数学方法的联系。那么,在这节课的教学中,我们如何铺设一条认知路径,不仅让学生较好掌握本节课知识,而且为将来的学习精心孕伏呢?

1. 改变方向,初显模型

当学生通过摆小棒找寻 12×3 的计算方法和结果时,常常会出现这种情况(如右图)。这是因为不少学生口算这道题的思路是将乘法转化为加法。虽然也能得到结果,但显然这种方法并不简便。这时,教师应当引导学生及时调整方向,将小棒竖着对齐,唤醒学生以前"分—算—合"的已有经验,改变口算的思路。当小棒竖着对齐之后,学生容易想到将整捆的小棒和单根的小棒分开计算,即"10×3"和"2×3",再将两个得数相加。当学生找寻到这一思路时,"分—算—合"的计算模型初步形成。

2. 形成导图,抽象模型

摆小棒的活动仅仅让学生的思维停留在直观操作阶段,教师要引导学生及时对操作活动进行抽象,才能帮助学生建立起计算模型。在学生经历了摆小棒的活动之后,教师引导学生根据摆小棒的活动经验,填写思维导图(如下图)。在填写导图的过程中,学生进一步梳理"分—算—合"的计算方法,并顺利地从实物操作阶段过渡到思维活动阶段,实现了模型的抽象。

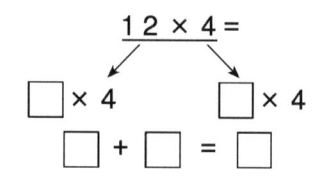

$$12 \times 4 = $$
$$\Box \times 4 \quad \Box \times 4$$
$$\Box + \Box = \Box$$

3. 提炼算法,建立模型

有了导图的帮助,学生对计算方法有了比较清晰的认知。但只有将算法提炼出来,才能使学生形成口算技能,达到准确、快速进行口算的目标。在经历了实物操作和思维导图两个环节之后,教师应当及时引导学生回顾操作和思考过程,想想自己是怎么算出口算结果的。有了前面充分的体验,学生便能够轻松地梳理出"分—算—合"的计算流程。当学生能够用简洁的语言概括出计算方法时,计算模型便已经深植于心。

从操作小棒到思维导图，直至提炼算法，这样的学习过程符合学生的认知特点，学生巡着一条清晰的路径，达到了熟练掌握口算方法的彼岸。如果教师只专注于知识点的掌握，大可不必如此"大费周章"。而正因为我们看到了不同类型计算题背后的方法的联系，才精心铺设了这样一条学习之路，为学生今后的进一步学习笔算乘法等相关内容做了精心巧妙的孕伏。

既关注知识点之间的衔接，又关注学习方法之间的联系。两者兼而考虑之，教师的教和学生的学都达到事半功倍的效果。明线要寻，隐线也要挖掘。教师应当站得高一些，看得全一些，带领学生感受严谨、紧凑、关联、丰富的数学世界。

从思辨的视角反思"口算乘法"一课的教学

三年级上册"口算乘法"一课看似简单，其实它有着比较重要的教学价值。学生之前学习了表内乘法，能够用口诀进行表内乘法计算。这节课，学生要迈出表内乘法，学习两位数乘一位数的口算，这对学生来说是一个飞跃。同时，这节课的教学也是后续乘法计算的重要基础。口算对学生来说不是学习难点，但如果没有看到这节课背后的价值，只是因为学生"会算"而简单带过，就会错失这节课的教学价值。这节课的教学，在平淡中上出深意，在思辨中发展思维。

一、伏暗线，让思维成系统

学生在学习本课之前已经学习了乘法口诀表，能够非常熟练地运用口诀进行表内乘法的计算。这节课学习口算"12×3"，虽然在口诀表里找不到一句对应的口诀能够直接得到结果，但口算的过程仍然要回归表内乘法，这个转化的路径就是"分—算—合"（也就是乘法分配律在乘法计算中的应用）。"分—算—合"的思路，在后续的两位数乘一位数、两位数乘两位数、三位数乘两位数的笔算中仍然要用到，也就是说，它是贯穿整个乘法计算的一条主线。把这条主线拎住了，学生的思维就能成系统，学习就能成体系。

学生在之前计算表内乘法时，直接从口诀表中得到答案，可谓简单快捷。但这节课的乘法口算显然没有那么直接简单。学生在摆小棒之后，根据整捆的和整捆的一起算，单根的和单根的一起算，自然得出了计算的方法。教师在这时候适时提出了一个问题："计算这道题，我们先做什么，再做什么，最后做什么？谁能再来说一说。"这个问题，引导学生将天然朴素的想法进行了梳理，能够用更加程序化的思路来讲述口算的过程。教师根据学生的回答，引导学生提炼出"分—算—合"的计算思路，使学生对口算乘法的算法更加清楚明晰。"分—算—合"的提炼，看似为学生进行口算乘法提供了拐杖和支架，其实，它更重要的价值将在后续的乘法计算的学习中。教师通过一个问题，引导学生对计算方法进行思考和梳理，为未来的乘法学习埋下了一条暗线，使乘法计算的学习更能体现前后联系，形成系统。

二、设明线，让思维有提升

学生学习一种新的计算，需要一个渐进的过程。在本节课中，教师设计了一条学习的明线，帮助学生经历了从实物操作到"心算"的渐次抽象的过程，提升了学生的思维水平。

口算教学的第一步——实物操作。摆小棒是低年级学生学习计算时最常用的学具。摆小棒，不仅能够帮助学生算出计算题的得数，而且有助于学生很好地理解算理，为后面的提炼算法做好充分的铺垫。

口算教学的第二步——梳理程序。计算是有方法、有步骤的。我们不可能每一次计算都依靠摆小棒，将计算停留在实物操作阶段。当通过实物操作理解了算理之后，教师应当及时引导学生梳理计算步骤，形成算法。在本节课教学中，教师引导学生将计算过程形成导图，提炼方法，这就是对摆小棒的抽象和提升。

口算教学的第三步——形成技能。口算是一种能力，又对又快是我们对口算的要求。要实现这样的目标，教师还得引导学生进一步优化和抽象，即简化程序，实现口算的正确率和速度的提升。例如，23×3这道口算，学生如果按照"20×3=60，3×3=9，60+9=69"来思考和计算，虽然结果正确，但速度可能会慢一些。因此本课教学中，教师引导学生进一步简化程序，通过"二三得六、三三得九"两句口诀，直接得到结果69。这是在形成算法的基础上进一步简化和优化，使学生达到"脱口而出"的计算效果。

教师组织教学的这条明线，很好地体现了从具体操作到抽象提升的过程。这样的教学路径，使得算理和算法得到了很好的统一。学生算得有"理"，算得有"法"，还算得"迅速"，较好地培养了学生的运算能力和思维能力。

不少教师认为，计算教学的主要目标是培养学生的运算能力，却忽略了一个事实——计算教学也是发展学生思维能力的一个载体。这其中的关键在于教师如何理解这一教学内容的价值，设计了怎样的教学路径。加强计算教学中的思辨，也能很好地培养学生的思维能力。

第五节　需求与要求，在思辨中和谐统一
——以"平行与垂直"教学为例

"平行与垂直"教学设计

教学内容：人教版小学数学四年级上册第 64 页、第 65 页。

教学目标：

1. 初步理解垂直与平行是同一平面内两条直线特殊的两种位置关系，会初步辨析垂线和平行线。

2. 培养学生的空间观念、空间想象能力及动手操作能力。在观察、比较、辨析等活动中渗透分类的思想方法。

3. 体会到垂直与平行的应用和美感，激发学生学习数学的兴趣。

教学重点：正确理解相交、互相平行、互相垂直等概念，发展空间观念。

教学难点：正确判断两条直线之间的位置关系（尤其是对看似不相交而实际上是相交现象的理解）和对"同一平面"的正确理解。

教学准备：课件、长方体盒子、小棒、长方形和正方形纸、三角板。

教学过程：

一、创设情境，抽象图形

1. 创境激趣

课件出示孙悟空动画。

师：同学们，瞧，这是谁？嗯，我们知道孙悟空有一件宝贝（金箍棒）。金箍棒很神奇，可以变短，也可以变得很长。今天，他想拿着这根金箍棒，给咱们表演几招，想看吗？

课件演示孙悟空舞弄金箍棒，形成以下六种图案：

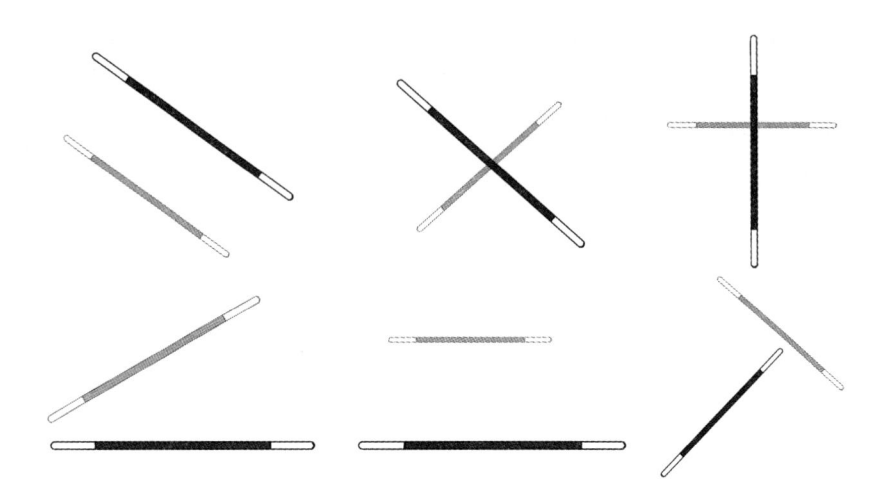

2. 抽象图形

师：现在，我们脱掉金箍棒的外衣，看看剩下什么？

课件出示：

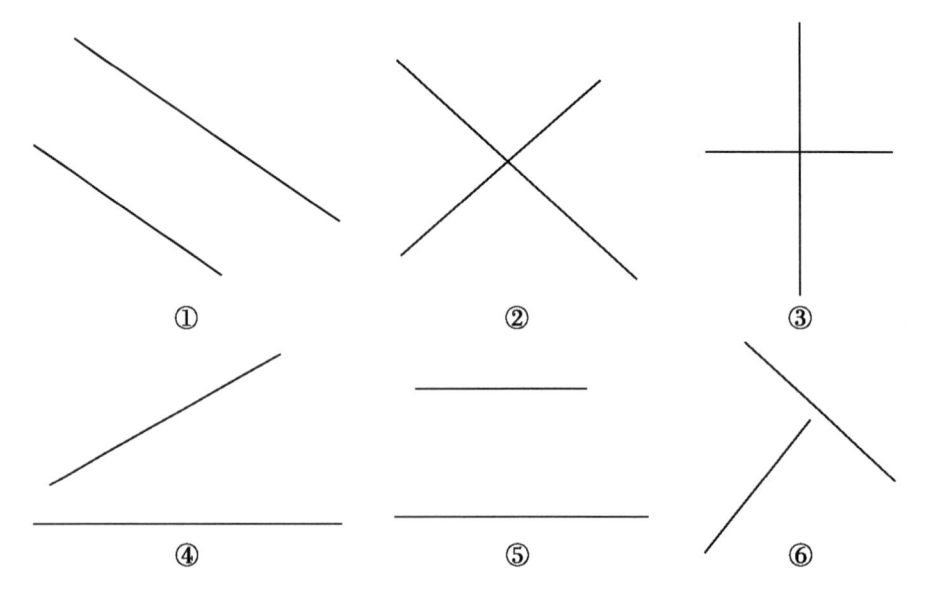

① ② ③
④ ⑤ ⑥

【设计意图：将直线之间不同的位置关系置于孙悟空耍金箍棒的情境之中，一方面是以有趣的故事情境激发学生的兴趣，更重要的在于使学生直观感受到"平移与平行""旋转与相交"之间的关系，形成知识网络。】

二、引导分类，揭示概念

1. 引导分类

（1）提出要求

师：根据两条直线位置关系的不同，你能给这六组直线分分类吗？

（2）学生思考，同桌交流

（3）小组汇报，全班交流

教师聆听学生的汇报，并进行针对性引导。学生通过延长④号、⑥号两组直线，明确这两组直线是否相交。

2. 认识"平行"

（1）形成概念

①想象

师：我们按照是否相交，将六组直线分成了两类。请同学们看看不相交的这两组直线，想象一下，将这两条直线延长一些，相交吗？再延长一些，相交吗？无限延长呢？

②验证

师：光看还不够，有什么办法验证一下吗？

学生思考，全班交流。引导学生测量平行线间的距离进行验证。

③联系旧知

师：在我们以前学过的知识里也有这种永不相交的情况。

课件演示：直线平移。

师：刚才这条直线发生了什么运动变化？这两条直线相交吗？还需要测量吗？为什么？

④揭示概念

师：是的，无论是刚才那两组直线，还是平移前后的两条直线，它们无论怎么延长都不相交，在数学上我们把它们称作平行线。你们能说说什么样的两条直线叫做平行线？（学生尝试概括）

课件出示平行线的概念。

⑤深入理解

a. 理解"在同一平面内"

教师出示鞋盒，找出一组平行线。再指出不同面的两条边，引导学生理解"同一平面内"的含义。

b. 理解"互相"

指名学生说说对"互相平行"的理解。

【设计意图：对"平行"的理解分成了几个层次：想象—验证—联系旧知—揭示概念—深入理解几个环节。环环紧扣，层层深入，使学生对"平行"能够真正深入地掌握。】

3. 认识"垂直"

（1）形成概念

①观察

师：相交的两条直线形成了几个角？分别是什么角？哪几组直线相交成直角？（学生观察，指名回答）

②验证

学生用三角板验证所找的几组直线是否相交成直角。在容易产生歧义的②号进一步体会验证的重要性。

③揭示概念

课件出示概念，指名学生说说哪条直线与哪条直线互相垂直。

（2）教学"垂线"与"垂足"

①课件出示"垂线"与"垂足"的概念

②同桌互相说一说，哪条直线是哪条直线的垂线

③学生指出另一组互相垂直的直线的垂足

【设计意图：有了前面学习的基础，这部分知识的教学给予了学生更大的空间。扶放结合，更充分发挥学生学习的自主性。】

三、综合练习，深化认识

1. 找一找

（1）学生找出生活中互相平行与互相垂直的例子。

（2）课件演示：生活中的平行与垂直。

2. 比一比

学生随教师口令用双臂比出互相垂直与互相平行。

3. 摆一摆

（1）学生操作

①摆两根绿色小棒，使它们分别与红色小棒互相平行。

②摆两根绿色小棒，使它们分别与红色小棒互相垂直。

（2）观察讨论

每次操作之后，教师引导学生观察两根绿色小棒之间的位置关系。同桌讨论，全班交流。

4. 折一折

（1）学生操作

①把一张长方形纸折两次，使两条折痕互相平行。

②把一张正方形纸折两次，使两条折痕互相垂直。

（2）同桌互相交流，展示部分学生作品。

5. 生活拓展

出示潜望镜图片，简要介绍潜望镜原理，使学生感受到平行在生活中的应用。

【设计意图：练习的设计中，更加凸显层次性和实践性。通过比、摆、折等操作活动，巩固学生对新知的掌握。】

四、全课回顾，总结提升

1. 学生谈收获

2. 教师小结

师：以前学的是图形的形状、大小，现在开始研究位置关系了！这是一个重要的起点。其实，这是一个非常有趣的领域，等待着同学们去探索、发现。垂直与平行这两位新朋友也将在今后的学习中发挥重要的作用，希望你们都能很好地掌握。

"平行与垂直"备课思考
——从学生的认知需要出发

为了教学"平行与垂直"一课，我与备课团队着眼于学生的认知需要，紧扣三个问题展开了深入的思考。

问题1：如何引入垂直与平行的概念？

为了找到最佳的新知切入点，铺设一条符合学生认知特点的学习路径，笔者仔细研读了人教版、北师版教材中"垂直与平行"的内容，并进行了一番比较分析。

人教版教材安排了"在纸上任意画两条直线"的活动。在教学实施中，教师可以选择学生当中有代表性的作品，引导学生根据两条直线的位置关系进行分类，并对相交和不相交进行观察和讨论，从而揭示平行和垂直的概念。人教版教材的编排十分注重"从整体把握平行和垂直的含义"，强调沟通知识之间的内在联系，构建知识网络，形成整体认知。但以"抽象（直线）"推导"抽象（直线的位置关系）"，委实生涩枯燥了些，不利于调动学生的先知经验和学习积极性。

北师版教材将平行与垂直划分为"平移与平行""相交与垂直"进行教学，分散了学习难点。从主题图编排看，教材强调从生活实物中抽象出数学图像；从课题看，教材强调在直线的动态变化中认识平行与垂直两个概念。两节课主题图均安排了从生活中的静态事物（双杠、红十字）和动态事物（铅笔平移、剪刀口张开）两个角度抽象出平行和垂直的数学化图像，进而揭示平行与垂直的概念。这样的设计能调动学生已有的生活经验，促使学生用数学的"眼睛"看生活，易于激发学生的学习兴趣。将平行置于平移内、垂直置于相交（旋转）内进行教学，有利于学生从动态角度理解这两个概念，进而形成纵向的知识联系。但将平行与垂直分为两课时进行教学，显然割裂了两个概念之间的联系，使学生难以形成平面内两条直线位置关系的大框架。

两个版本教材的设计各有千秋，各具特色。我既割舍不下"从生活实物中抽象图形，在直线的动态变化中认识概念"，更不愿背离"对同一平面内两条直线位置关系的辨析与分类"。如何吸取两者的优势所在，有机融合，创设一条活泼、生动且适合学生的教学路径呢？在思考之后，我请"孙悟空"来帮忙，设计了如下教学环节。

师：同学们，瞧，这是谁？（课件出示孙悟空）嗯，我们知道孙悟空有一件宝贝——金箍棒。金箍棒很神奇，可以变短，也可以变得很长。今天，他要用这根金箍棒，给咱们表演几招，想看吗？（课件动态演示：孙悟空耍金箍棒，金箍棒的最初位置和最终位置形成了六种不同的位置关系）刚才，我们欣赏了孙悟空表演的几招。现在，我们脱去金箍棒的外衣，看看留下了什么？（隐去孙悟空和金箍棒的图像，留下六组不同位置关系的直线）这六组直线看着挺乱的，怎么办？（分类）分类要按照一定的标准，你们能不能根据两条直线位置关系的不同，给这六组直线分分类呢？

上述教学片段中，我一改以往由学生在白纸上画两条直线的做法，以孙悟空耍金箍棒为情境，在金箍棒的千变万化中截取几个典型图像，经过进一步抽象（脱去"外衣"），导出六组位置关系不同的直线，继而让学生进行观察、辨析、分类，顺水推舟揭示出平行与垂直的概念。如此设计的目的是激发学生的学习兴趣，让学生在观察金箍棒变化的过程中体会平行与平移、垂直与相交之间的关系，经历从具体事物中抽象出直线位置关系的过程。这六组直线的位置关系具有典型性，因此学生通过观察、辨析和分类，能够在"同一平面内两条直线的位置关系"的大框架下认识平行与垂直这两种特殊的位置关系。这样的教学有利于学生形成知识网络，整体把握新知。

问题 2：如何帮助学生理解"永不相交"？

学生将六组直线按是否相交分为两类后，平行线的概念已经呼之欲出。学生已经具备关于平行线的丰富的生活体验，也模糊地感受到了平行线永不相交的特点。然而，这种生活化的模糊的经验不能取代科学的认知。教师应当在学生已有经验的基础上引导学生进一步探究，使之达到真正理解、掌握的程度。为此，我设计了几个层次的活动，使学生能抽丝剥茧，层层深入，并最终掌握知识。

1. 想象

学生将六组直线按照是否相交分为两类后，师借助课件出示其中两组不相交的直线（如下图）。

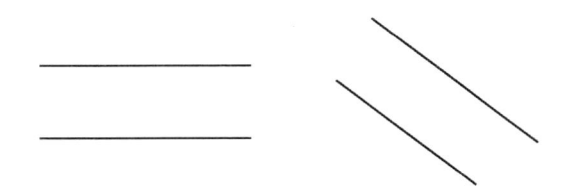

师：在刚才的分类活动中，同学们认为这两组直线不相交。想象一下，将每组中的两条直线延长一些，相交吗？再延长一些，相交吗？无限延长呢？

2. 验证

师：光想象可靠不住，有什么办法验证一下吗？

学生小组讨论，尝试验证。师请学生上台演示，引导学生通过测量平行线间的距离进行验证。

3. 演示

师：刚才，你们选择了测量平行线之间的宽度来验证，至少要测量几次才能证明？由此，你们得出了什么结论？（这两组直线永不相交）

师：是这样吗？你们看。

师用课件进行动态演示，验证平行线间宽度相等（如下图）。

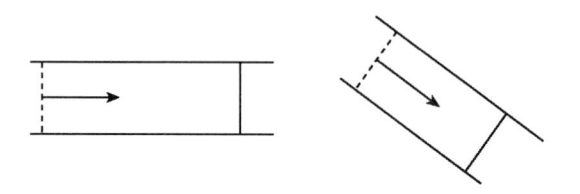

教学过程设计，既要考虑学生的先前经验，找准起点；也要准确把握教学要求，顺学而导。上述教学环节中，我引导学生经历了"想象（猜想）—验证—再证明"的思维过程。学生将上述两组直线归为不相交的一类，纯粹源于他们朴素的生活经验和直观体验。这时，我引导学生思考、想象"如果两条直线无限延长，会相交吗"，而没有直接引导学生动手验证，是因为在"图形与几何"知识的教学中培养学生的空间观念十分重要，而想象是培养空间观念的有效手段。接下来，我让学生动手验证，在验证的过程中深刻理解"永不相交"的含义。学生验证时，往往只取其中几个点进行验证。为使学生进一步看到两条直线之间的"宽度"处处相等，我发挥了多媒体课件的优势，对学生的操作过程进行动态演示，从而使"永不相交"的特性深植于学生的脑海之中。

问题3：如何引导学生理解"在同一平面内"？

在归纳平行线的概念时，学生对"在同一平面内"往往难以理解。小学数学教材中并未涉及异面直线的相关知识，因此对小学生而言目前所学相关内容都默认为"在同一平面内"。如果不引导学生对这个条件加以理解，则学生形成的概念是残缺、不严密的，不利于后续学习。共面直线、异面直线是抽象的几何概念，只有置于学生熟悉的生活场景或事物中，才能让学生直观地体会、感受并理解。为了寻找最佳的认知情境，我们采取了"观察鞋盒"的方案。

教师借助多媒体课件出示鞋盒（不同面上粘贴不同颜色的包装纸）。

师：刚才，我们认识了平行线。在这个鞋盒上，你们能找到平行线吗？

教师请若干学生找出几组平行线。

师：老师也在这个鞋盒上找到了一组不相交的线，你们瞧。（出示图）

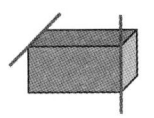

师：这是一组平行线吗？（不是）为什么不是，说说你们的理由。（学生在争辩中进一步理解"在同一平面内"的含义）

师：那下面这一组呢？（出示图）：

师：这两条直线会相交吗？它们互相平行吗？为什么？（学生思考、讨论，进一步理解"在同一平面内"）

观察长方体是教学"在同一平面内"时常用的设计。采用之初，我曾因这样的设计过于"老套"而有所犹疑。在几经思量后我领悟到，追求"新意"固然重要，但是否很好地服务于学生的认知需要才是决策的根本依据。采用观察鞋盒的方式，优势有二：①学生对长方体非常熟悉，它具体可感、便于观察；②通过在长方体不同的面上摆放"直线"，学生可以深刻直观地感受到什么是异面直线，从而理解"在同一平面内"的含义。通过对最后一组"两条直线是否为平行线"的讨论辨析，可以澄清学生的误解，从而建立正确的共面直线的认识。

经过对三个问题的反复推敲和叩问，最终的教学设计在实施中取得了良好的效果。是否了解学生的认知需要，能否真正为学生的学习服务，是为师者教学时需要深入思考的问题，也是考量教学设计优劣的重要标准，这是此番磨课过程中我内心的深刻体会。

从思辨的视角反思"平行与垂直"一课的教学

每一节数学课的实施，教师都会面临着教学要求与学生认知需求之间的矛盾和平衡。而取得这一平衡的法宝，就是从学生的认知需求出发，顺应学生的思维开展教学工作，以实现理想的教学效果，达到设定的教学目标。在"平行和垂直"这节课的教学中，教师设计了几个具有思辨意义的问题，引发了学生的深度思考，实现了学生的学和教师的教的有效融合。

例如，"平行"这一概念的教学，教师要抓住概念中的两个关键词"同一平面"和"不相交"。这两个词对四年级学生来说看似简单，其实不容易理解。教师在教学中，要从学生的思维特点和认知特点出发，设计合适的路径来开展教学。在"不相交"这个词的教学上，本节课的教学细腻而富有思辨的意味。首先，在六组直线进行分类的环节，学生对 ╱ 这组直线是否相交产生了不同的意见，引发了争辩。就学生"所见"来看，所画出的两条直线没有相交，这是许多学生的原有认知。教师及时引导学生回忆起直线可以无限延伸的特点，从而帮助学生纠偏原先片面的认知，能够通过想象或者进行直线延伸，从而确认这是一组相交的直线。这个争辩很有必要也有很价值，是后续学习重要的基础。当学生面对 ═ 这组直线是否相交这一问题时，由于有了前面思辨的基础，就不会依"所见"贸然判断，而有了更加谨慎认真的学习态度。教师依据学生的学习心理，设计了三个循序渐进的教学环节——想象、验证、演示。想象是培养学生空间观念的重要手段，也是学生在回忆起直线可以无限延伸的特性之后自然产生的心理过程。想象虽然可以带给学生一种直觉和判读，但学生们仍然会觉得"不太确信"，因为空想比不上实践。因此，教师及时引导学生进行了实践验证环节。学生在动手测量验证之后，证实了自己原先的猜测。为了进一步加深学生的理解，教师用课件演示辅助，使学生对"永不相交"有了深刻准确的认识。这个教学过程，教师循着学生的认知特点循序展开，学生学得轻松而扎实，且较好地培养了空间想象能力和思维能力。

在"同一平面"这个词的教学上，教师仍然注意依据学生的认知需要选择素材、设计教学，引发学生思辨，帮助学生较好地掌握新知。教师选用鞋盒作为学具，是因为长方体有 6 个面，对于学生判断"是否在同一平面"显得直观具体。在经历了学生在鞋盒上指出平行线、判断是否为平行线之后，教师设计了一道题目（如图），引发学生的思考与辩论。这道题目的辩论价值在于，两条直线所处的面不在长方体的 6 个面上，这个"面"需要学生去想象和构建。学生在这个问题上产生的思考

和争辩,对于学生理解"同一平面"具有很好的促进作用。

"平行与垂直"一课的教学,依据学生的心理特点和认知规律,设计了具有思辨价值的若干问题,引发了学生的思考和辨析。在学生思与辨的过程中,教师的教学要求和学生的认知需求很好地实现了和谐统一。

第六节　模糊到清晰,在思辨中直达本质
——以"三角形的特性"教学为例

"三角形的特性"教学设计与实录

教材分析:

"三角形的特性"是人教版小学数学第八册第五单元的内容。三角形是平面图形中最简单也是最基本的多边形,一切多边形都可以分割成若干个三角形,并借助三角形来推导有关的性质。本节课是在学生认识了长方形、正方形、平行四边形等平面图形,学习了线段、角等相关知识,并且直观认识了三角形的基础上进行教学的,通过这一内容的教学进一步丰富学生对三角形的认识和理解。

本节课教学涵盖三个方面的内容:一是教学三角形的概念;二是认识三角形的底和高,并且学会做三角形内高;三是体会三角形的稳定性。在认识三角形的概念时,应引导学生体会"围成"的含义;在教学三角形的底和高时,要充分激活学生已有学习经验,以旧知促新知掌握;在感受三角形稳定性时,既要有"拉一拉"的直观体验,又要有"拼一拼"的内在探索。

学情分析:

学生在学习本知识点之前,已经认识了长方形、正方形、平行四边形等平面图形,具有比较丰富的认识图形的学习经验。教学中应充分激活学生已有经验,发挥学生学习的主动性。做三角形的高是本节课的教学难点,学生在之前已经掌握了从直线外一点向已知直线做垂线的方法,认识了平行四边形的底和高,并且会做平行四边形指定底边上的高,这些先前经验都应该很好地为本节课学习服务,帮助学生建构知识网络。在认识三角形的稳定性方

面，学生先前已经体验了平行四边形的不稳定性，教学中可以对两者进行对比，进一步感悟体验。

教学内容： 人教版小学数学教科书第八册第 80 页、第 81 页。

教学目标：

1. 通过动手操作和观察比较，认识三角形，知道三角形底和高的含义，会在三角形内画高。

2. 通过实验操作，知道三角形的稳定性及其在生活中的应用。

3. 培养观察、操作以及应用数学知识解决实际问题的能力。

4. 体验数学与生活的联系，培养学生学习数学的兴趣。

教学重点： 1. 认识三角形的特性。2. 在三角形内画高。

教学难点： 认识三角形高和底的含义，会在三角形内画高。

教学准备： 多媒体课件、三角形及平行四边形框架。

教学过程：

一、联系生活，导入新课

1. 举例

师：在生活中，到处藏着三角形。生活中哪些物体表面的形状是三角形呢？谁来说一说？

指名回答，学生举例。

2. 展示

师：老师也带来了一些图片，你能在图片上找到三角形吗？用手指出来。

学生欣赏、比划。

3. 引题

师：今天我们就一起来学习三角形的特性。（板书课题：三角形的特性）

二、实践操作，探索新知

1. 认识三角形的概念

（1）唤醒经验，尝试描述

（课件中隐去图片，留下三角形的图像）

师：屏幕上这些图形都是三角形。谁来说说什么样的图形是三角形呢？

指名回答。

（2）辨析判断，形成概念

课堂预设如下：

师：刚才你们说有三条边就是三角形。这里有三条线段，所形成的图形是三角形吗？（如图1）

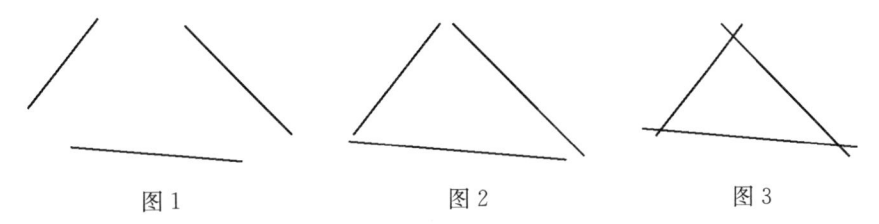

图1　　　　　图2　　　　　图3

师：怎么让它成为三角形呢？

生：把线段靠近一点。（课件演示，如图2）

生：还得再靠近一些。

师：是这样吗？（课件演示，如图3）

生：不行，超过了。要把两条线段的端点连在一起。

师：哪位同学上来用小棒摆一摆。

学生上台操作。

师：明白了。是这样吗？（课件演示，如图4）

生：靠在一起的两条线段端点都要连在一起。

师：也就是每相邻两条线段端点相连。

图4

（3）梳理概括，尝试归纳

师：现在，谁能完整地用一句话来说说什么样的图形是三角形？

学生尝试归纳，教师引导总结。

出示：由三条线段围成的图形（每相邻两条线段端点相连）叫做三角形。

2. 认识三角形各部分名称

（1）画三角形

师：请同学们在作业本上画一个三角形。

学生画三角形。

（2）认识各部分名称

师：仔细观察三角形，除了三条边，还有其他哪些部分呢？

生：有三个角，三条边，三个顶点。

（板书，如图5）

图 5

（3）认识三角形的表示方法

师：为了方便区分和表达，我们习惯用大写字母 A、B、C 表示三角形的三个顶点。三个顶点分别叫做顶点 A、顶点 B、顶点 C。这个三角形就叫做三角形 ABC。

师：仔细观察这个三角形，顶点 A 的对边是哪条？（生答）你能准确找出另外 2 个顶点和它们的对边吗？（生答）

3. 认识三角形的底和高

（1）激活旧知，尝试判断

师：我们学过平行四边形的底和高。你们瞧——（课件演示，平行四边形）这个平行四边形的底和高在哪儿？

（学生上台画）

师：不仅平行四边形有底和高，三角形也有底和高。你们能不能猜一猜，下面哪些是三角形的高，哪些不是？（课件出示，如图 6）

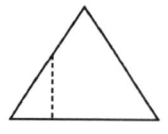

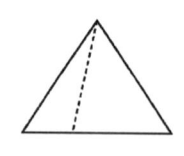

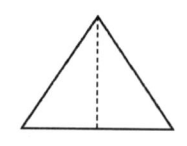

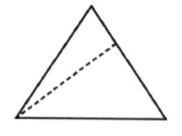

图 6

学生尝试判断。

（2）自学课本，理解概念

师：到底哪条才是三角形的高？请打开课本仔细阅读，看看书上到底是怎么描述的。根据书上的描述，想想你刚才猜想得对不对。

学生自学。

（3）再次判断，强化新知

师：自学完，你们改变看法了吗？现在再判断一下刚才四个三角形中，哪几条是三角形的高，为什么？

学生判断，并说明理由。

师：三角形的高和底边垂直，光用眼睛能判断吗？要借助什么工具呢？（学生回答）

课件演示：用三角尺验证是否垂直。

师：平行四边形有无数条高，你们觉得三角形的高有几条呢？为什么？

学生讨论，指名回答。

（4）联系旧知，学习画高

师：我们已经认识了三角形的底和高，想不想来画一画三角形的高？先不急，老师给你们准备了个小魔术。（播放课件，如图7）老师给三角形的这两条边穿上隐身衣，隐藏起来。咦，剩下什么？

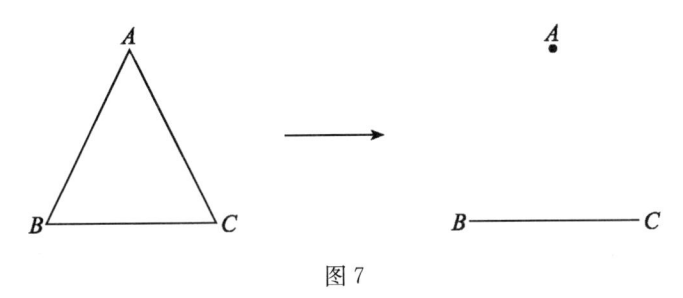

图 7

师：我们学过了做点到已知直线的垂线，现在一起来回顾一下（课件播放从点到直线做垂线的过程）。

师：现在，老师把三角形的隐身衣脱掉，刚才的两条边又出现了。你们会画三角形的高吗？动手试试。

学生画高，指名上台演示，并说明画高的方法。

师：请你们画出下面各个三角形底边上的高（如图8）。

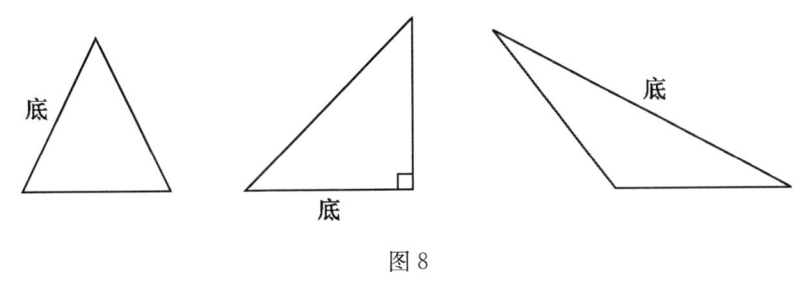

图 8

学生作图，教师巡视。

课堂预设如下：

师：（展示三份作业，如图 9）你们看，这三位同学画的是不是这个直角三角形指定底边上的高？

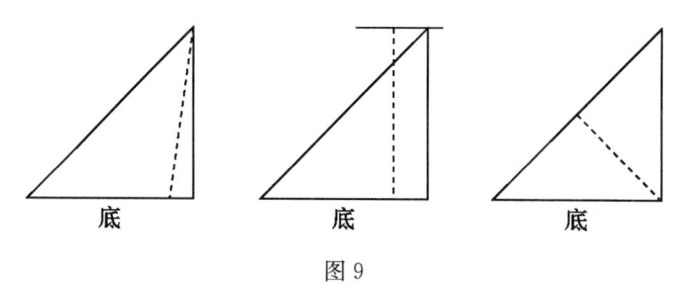

图 9

生₁：第一个同学所画的不是高，因为所画的那条线段没有垂直于底边。

生₂：第二个同学所画的也不是高，虽然他画的线段垂直于底边，但没有经过顶点，经过的是他自己画出来的点。

生₃：第三个同学也错了。虽然这是一条高，但它对应的不是老师指定的底边。

师：咦，难道直角三角形指定的这条底边上没有高吗？

生₄：有！（一个学生拿出作业上台展示，如图 10）

学生中窃窃私语，有的小声地说着："她没有画呀……"

图 10

师：现在，我们也给这个直角三角形穿上了隐身衣，你们瞧。（课件演示，如图 11）

师：现在，你们会画底边上的高吗？

（课件演示，如图 12）

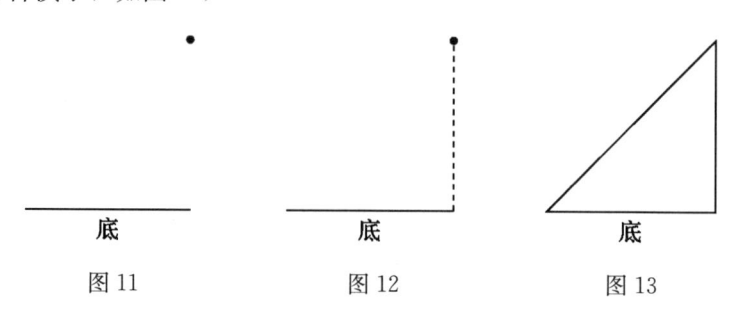

图 11　　图 12　　图 13

师：脱去隐身衣，我们把刚才的两条边请回来（如图 13）。咦，你发现了什么？

生：高不见了。

生：高躲在直角边后面呢！

师：现在，你们能说说这个直角三角形底边上的高在哪儿吗？

生：另一条直角边就是它的高。

师：直角三角形的两条直角边互为底和高。

4. 认识三角形的稳定性

（1）联系生活，唤醒经验

师：今天我们又进一步学习了三角形。瞧，小兔将篱笆围成长方形，而小猴将篱笆围成了三角形，它们都觉得自己的栅栏比较牢固。同学们，你们觉得呢？（课件出示，如图 14）

图 14

学生讨论汇报。

（2）实践操作，多维验证

课堂预设如下：

师：老师为每位同学准备了相同的两捆小棒，一捆 4 根（两长两短），一捆 3 根（一长两短），请你们用这两捆小棒分别做成一个平行四边形和一个三角形。

学生操作。

师：请你们分别拉一拉平行四边形和三角形，看看有什么感受？

生：平行四边形会变形，而三角形很牢固，不会变形。

师：请你们把自己做的三角形和平行四边形放到展台上来。大家观察一下这些三角形和平行四边形，有什么发现吗？

生：这些三角形的形状都是一样的，但平行四边形的形状却各种各样。

师：也就是说三角形的三条边长短固定了，它的形状也就固定了，会变形吗？

生：不会，三角形具有稳定性。

师：那现在你们来看看，小兔和小猴，谁的栅栏更牢固？怎样使小兔的栅栏更牢固点呢？

三、梳理回顾，全课总结

师：这节课我们学到了什么？我们是怎么学习的，你有哪些新的收获？

"三角形的特性"备课思考
——简单里的"不简单"

"三角形的特性"是人教版四年级下册的教学内容。这节课包含了"三角形的定义""作三角形的高"以及"三角形的稳定性"等知识点。学生们对三角形非常熟悉，本节课内容对他们而言似乎很简单。然而，细细研读教材，研究学生之后，笔者发现这其中并不简单。

一、紧扣关键，动态生成概念

学生们很早就认识了三角形，能够准确辨认出三角形，画三角形也不费吹灰之力。但他们真的认识三角形了吗？

课堂回放：

课件播放含有三角形的生活图片，并从中抽象出三角形。

师：你们能不能试着说说，什么样的图形是三角形？

生$_1$：有三条边的图形是三角形。

生$_2$：有三个角的图形是三角形。

生$_3$：还有三个顶点……

从课堂上学生的反应可以看出，他们对于三角形的特点有了很好的认知基础，但在尝试描述三角形定义时，却触碰不到概念中的核心关键——"围成""每相邻两条线段的端点相连"。可见，学生对于三角形的认识还停留在"面"上，只看到了"静态"中的三角形，而看不到其动态的形成过程；只看到具体易感的表面特征，而观察不到细微的关键特征。在学生已有的丰富的表象经验基础上，教师紧扣三角形概念中的核心要素——"围成"，以动态的视角引导学生掌握三角形的概念。学生在感受三条线段"步步靠近"的同时，体会到了三角形封闭的特点。教师巧妙地创设了"超过了"的环节，使学生将关注点投射到三角形相邻两条线段的端点上。在教师"看似无意、实则有心"的安排下，学生掌握了三角形的本质特征，自然地归纳出了三角形的概念，这与以往教学中学生归纳概念时磕磕碰碰的境况截然不同。

二、聚焦难点，借力解开疑惑

在本节课学习之前，学生已经学会了过直线外一点画已知直线的垂线，能够画出平行四边形的高，这些是学生学画三角形的高的基础。通过唤醒旧知，促进迁移，学生画三角形的高并不难。那么，为何学生在画直角三角形直角边上的高时，会纷纷"栽跟头"呢？学生们总认为"高"是有别于三角形三条边之外的一条线段，是需要"画"出来的。虽然他们也模糊感受到了另一条直角边就是经过对应顶点的垂直于底边的线段，但总觉得没有"画"就不是高。如果教师简单地引导学生"这另一条直角边就是指定底边上的高"，恐怕难以真正撼动学生错误的旧有认识。这时，我们可以借一件"隐身衣"，以四两拨千斤，解决这个认知难点。（教学过程见前文）

教师巧借"隐身衣"隐去直角三角形的另外两条边，仅留下底边和与其对应的顶点，以此打破"画高"与"过直线外一点作已知直线的垂线"的壁垒，实现了知识点之间的沟通和联系。当"隐身衣"脱去之后，另外两条边重新显现。学生发现刚才所做的高"躲"到另一条直角边后面去了，直角边上的高与另一条直角边是重合的，之前的疑惑与不解瞬间解开。教学中，仅靠教师的解释和强调，难以平息学生"打破沙锅问到底"的探究劲儿。借用一些小手段，帮助学生看清"真相"背后的"本质"，才能帮助他们纠偏错误理解，建立正确的认识。

三、透视本质，对比深化认知

学生们在认识平行四边形时，已经通过"拉一拉"等活动感受了平行四边形的不稳定性，在生活中对三角形的稳定性也有所感知。

教学中设计让学生分别拉一拉平行四边形和三角形的环节，可以在两者之间的对比中，直观切身地感受到三角形的稳定性。然而，三角形稳定性的内涵只是"拉不动"吗？孩子们都容易产生这样的疑问：三角形不易变形、平行四边形容易变形，但是如果都用铁条来围成这两个图形，而且焊死它们的接口，那么平行四边形也不变形啊。也就是说，从物品材质以及连接方法的角度来考虑，这个"拉一拉"的动作还不足以说明三角形稳定性的特点。如何引导学生排除非本质因素的干扰，从数学角度来体会三角形的稳定性呢？

我们不妨参照下面思路进行教学。

师：请你们把自己做的三角形和平行四边形放到展台上来。大家观察一下这些三角形和平行四边形，有什么发现吗？

生：这些三角形的形状都是一样的，但平行四边形的形状却各种各样。

师：也就是说三角形的三条边长短固定了，它的形状也就固定了，会变形吗？

生：不会，三角形具有稳定性。

上述教学片段中，教师在学生"拼""拉"平行四边形和三角形的基础上，进行了更加深入的剖析，引导学生观察比较相同的三根小棒拼成的三角形的形状，进而发现三角形的三条边长短固定之后，形状是唯一的。在拼摆平行四边形与三角形的鲜明对比中，学生摆脱了物品材质等非数学因素的干扰，学会了从数学的角度去体会和理解三角形"稳定"的特点。"拉"是感性体验，"比"是理性思考。教师巧妙地将两者进行结合，引导学生对三角形稳定性有了由表入里的认识。

对于成人来说，许多小学数学的知识点都很"简单"。教师如果也持"简单"的视角，对教材、学生进行过于浅表的解读，那么学生所学也将浮于表面。有智慧的教师，往往能从"简单"当中读出"不简单"，他们能真正深入理解教材、读懂学生，于细微处开掘，引领学生领略数学学习的真谛与美妙，体会数学学习的无穷乐趣。

从思辨的视角反思"三角形的特性"一课的教学

在"三角形的特性"一课教学前，学生已经有了比较充分的学习基础。一方面，生活中有大量的三角形的物体，学生在生活中积累了许多关于三角形的生活经验，孩子们在很小的时候就能认出三角形、画出三角形。另一方面，学生之前学习了过直线外一点作已知直线的垂线，认识了平行四边形的底和高，这都是学习本节课的重要基础。但学生对三角形的认识只是处在直观的模糊认知阶段。本节课的教学，教师精心设计教学路径，引导学生在思辨的过程中，使模糊的认知逐渐清晰，实现对数学本质的掌握。

一、加强辨析，建立概念

本节课的教学中，在教学三角形的概念以及三角形的底和高这两部分内容时，教师都采用了辨析、辩论的学习方式，帮助学生厘清概念的内涵。为了更好地理解三角形概念中"围成"这个词，教师出示了三条线段（首尾没有相接），让学生判断是不是三角形。在学生说出"靠近一些，再靠近一些"等建议之后，课件陆续出示了若干图形让学生进行判断。在这个判断和说理的过程中，学生对于"围成"这个词有了直观的正确理解。孩子们用"靠在一起的两条线段端点都要连在一起"这样的回答来引导教师调整三条线段的位置，这正是用自己朴素的语言准确地表达"围成"的意义。以辨析的形式进行学习，有助于学生不断调整自己的原有认知，让模糊的概念逐渐变得清晰准确。

在认识三角形的底和高这个环节的教学中，教师同样采用了辨析的教学手段。学生在本节课之前已经学习了平行四边形的底和高的概念，教师可以运用迁移的方式，实现学生的自主学习。因此，在回顾了一下平行四边形的底和高的概念之后，教师出示了四幅图形，让学生判断四幅图中画的是不是三角形的高，并谈谈自己的理由。学生依据先前的学习经验，做出辨析和判断。在此基础上，教师引导学生自学课本中三角形的底和高的概念，进一步确证自己的判断是否正确。这个辨析练习，既激活了学生的已有学习经验，实现了知识间的迁移和链接，又在判断中厘清了概念，建立了学生对概念的认识。

二、由表入里，理解本质

本节课的教学中，除了教学三角形的概念，认识三角形的底和高，还有一个重要的教学内容，就是认识三角形的稳定性。学生对三角形具有稳定性也有一定的生活经验。在教学三角形的稳定性这部分内容时，教师注重将感性经验和理性理解相结合。既让学生拉动三角形和平行四边形，在比较中体会三角形的稳定性，形成对三角形稳定性的体验感受；也让学生用相同的小棒去拼摆三角形和四边形，从三角形形状唯一而四边形形状多样当中，去体会三角形稳定性的本质。感性和理性相结合，从直观体验走向本质理解，这样的教学流程让学生对三角形的稳定性有了更加全面的认识。

在数学课教学中，学生经常带着原有的朦胧模糊的认知走进课堂。这时候，需要教师在教学中设计好教学流程和问题，引发学生深度的思考和辨析，在思辨中厘清原先模糊的认识，形成对知识本质的深度理解。

第七节　经验中拔节，在思辨中实现提升
——以"长方形和正方形的认识"教学为例

"长方形和正方形的认识"教学设计

课前思考：

学生在一年级已经初步认识了长方形和正方形，在过去的学习和生活中也积累了很多关于长方形和正方形的认知经验，对这两个平面图形可谓"非常熟悉"。那么，这节课的价值在哪儿？深入解读教材及分析学情之后不难发现，学生虽然对这两种平面图形很熟悉，但这种认识还处于"直观辨认水平"，对图形的特征进行深入研究对学生而言还是"第一次"。换言之，这节课是一节"种子课"，对后续各种平面图形的认识有着重要的作用。本节课的教学将为学生积累探究图形特征的经验，使学生在学习中能够主动捕捉观察视角、掌握探究方法、感悟图形关系，这些能力将成为后续学习的强劲动力。

教学内容：人教版小学数学三年级上册第80页。

教学目标：

1. 认识长方形、正方形边和角的特征，知道长方形和正方形各部分的名称，能根据长方形、正方形的特征判断图形，在方格纸上画长方形和正方形。

2. 经历自主探索、猜想验证的过程，培养科学探索、实践操作以及推理能力。

3. 激发学习热情，体验数学学习的乐趣。

教学重点、难点：认识长方形、正方形边和角的特征。

教学准备：

教具：自制PPT课件、信封等。

学具：方格纸、长方形正方形纸片、直尺、三角板等。

教学过程：

一、比较，感受图形特征

1. 找，辨认长方形和正方形

黑板上贴有各种图形，指名学生从一堆图形（任意四边形、三角形、梯形、圆、长方形、正方形、平行四边形等）中挑出长方形和正方形。

2. 比，感受长方形和正方形的特点

师：和其他图形相比，长方形和正方形有什么不一样的地方呢？谁来说一说？

学生讨论，指名回答。

师：看来，长方形和正方形在"边"和"角"上很有特点。

【设计意图：没有参照物，特征就不能凸显，图形的认识亦是如此。课伊始，教师出示了学生已经认识的各种平面图形，让学生从中挑出长方形和正方形。这尊重了学生先前的认识和经验起点，暗合了学生对图形的直观辨认水平。将两种图形置于更加宽泛的图形领域，有利于孩子们在与其他图形的比较中感受长方形和正方形的特征。】

二、验证，探索图形特征

1. 讨论验证方法

师：刚才我们讨论了长方形和正方形的特点，可这些特点都是我们看到的、猜测的。怎么验证刚才我们提出的这几个猜想呢？

学生交流验证方法（用三角尺上的直角验证长方形和正方形是否有四个直角；用直尺量或者对折的方法验证长方形和正方形边的特点）。

2. 实施验证过程

学生通过折、量、比等活动，验证提出的猜想，教师巡视并参与活动。

3. 汇报验证结果

指名学生汇报"验证长方形和正方形边、角特点"的过程和结果。当学生用对折的方法验证正方形四条边都相等时，引导学生结合操作活动进行说理；也可引导学生用对折再对折（即正方形四条边重合）的方法进行验证。

4. 提炼图形特征

师：长方形和正方形有哪些相同的地方和不同的地方？

学生交流，教师板书。

【设计意图：验证是对图形特征深入掌握的过程。学生自己提出验证方法，并采用"折、量、比"等多种方法验证长方形、正方形的边和角的特征。在验证过程中，学生对图形特征有了更本质的认识，同时培养了动手实践、推理等能力。】

三、活动，巩固图形认识

1. 猜一猜

（1）从信封里抽出图形的一部分（如图），学生猜测

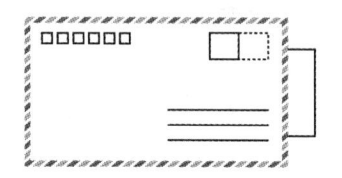

①信封里藏着长方形，逐渐抽出，学生猜测图形形状并说明理由。

②信封里藏着直角梯形，逐渐抽出，学生猜测图形形状并说明理由。

（2）验证猜测

【设计意图：学生根据露出的图形的一部分猜测信封里的图形，这是对长方形、正方形特征的应用。随着露出的部分越来越多，学生也在修正着自己的猜测，这个思维过程是学生内化图形特征的过程。】

2. 画一画

学生在方格纸上画长方形和正方形。教师介绍长方形和正方形各部分的名称。

四、对比，沟通图形联系

1. 变一变

（1）感受变化

课件演示长方形变化的过程（如下图），学生找出长方形的长和宽。

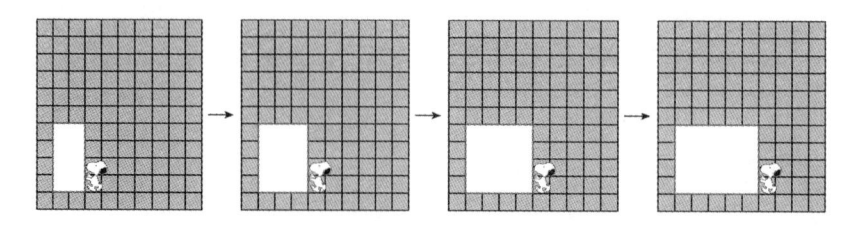

（2）感悟联系

师：小狗拉动图形的过程中，全部都是长方形吗？什么时候拉成的是正方形？为什么拉到四格，就成了正方形？

学生讨论，全班交流。

【设计意图：借由"变变变"的游戏，引导学生观察图形的变化，从中感

知长方形和正方形之间的联系。这是"润物无声"的自然孕伏,是学生学习思维的推动与发展。】

2. 找一找

(1) 送图形"回家"

课件演示"长方形、正方形的家"(如下图),学生根据"房子"上描述的特征,判断哪些图形可以"回家",并说明理由。

(2) 讨论辨析

师:正方形能住进长方形的家吗?为什么?

学生小组讨论,并进行全班交流。在判断"正方形能否住进左边的家"的过程中,明晰正方形和长方形之间的关系。

根据学生的回答,课件展示下图。

【设计意图："送图形回家"是孩子们喜闻乐见的情境，将抽象的知识点潜藏于有趣的情境中，能够在充满乐趣的过程里将图形的联系巧妙"植入"。在这一环节里，学生既能在活动中再次巩固图形特征，也能在判断的过程中感受到"正方形是特殊的长方形"这一关系。】

五、回顾，总结知识方法

1. 知识要点回顾

师：今天，我们进一步地认识了哪两种图形？你有什么新的收获吗？

学生交流。

2. 学习方法回顾

师：我们是怎么认识长方形和正方形的？

引导学生回顾学习方法。

师：今后，我们还将用到这些方法，去认识更多的图形朋友，去探索更加丰富有趣的图形世界。

"长方形和正方形的认识"备课思考
——在新知增长点上着力

在本节课的设计和磨课过程中，我对如何找准学生的认知起点和生活经验起点，如何在新知增长点上做足功夫有了更深的体会和感悟。

学生在日常生活中已经大量接触了长方形和正方形，在一年级下册的学习中初步认识了这两种图形，并且能够从一堆图形中把它们辨认出来。对三年级学生而言，观察并描述出两种图形的特征也是轻而易举之事。若是教师不能准确把握本节课的新知增长点，学生很有可能在经历了一节课的学习之后"原地踏步"，一无所获。在深入了解学生、剖析教材之后，我发现这不是一节"简单的、可有可无"的课，它是后续学习各种图形的起点，它的价值体现在以下三个方面。

一、观察对比，捕捉探究视角

如前所述，学生对于长方形和正方形非常熟悉。无论如何翻转这两种图形，他们仍然能够从一堆平面图形中轻而易举地找到它们，这源于他们对两种图形丰富的感观体验。如果询问他们寻找长方形和正方形的窍门，他们的回答大都是"长方形扁扁长长的，正方形方方正正的"。这反映出了学生对图形的认识停留在整体直观感知的水平上。教师如果让学生自行找到探究图形的切入点，恐怕不少学生会陷入"束手无策"之境。因此，探究视角的捕捉对学生来说是一种新的体验，也是这节课应该赋予学生的能力。教师不能简单地给予，而应该在学生原有经验和认知起点上巧用"对比"，使学生在各种图形的观察和比较中自然领悟。

教学片段一：

教师出示长方形、正方形、圆、平行四边形、三角形、梯形等各种图形。

师：比比哪个小朋友的眼睛亮，能快速地把长方形和正方形找出来！（学生找出长方形和正方形）

师：和其他图形相比，长方形和正方形有什么特点呢？

生$_1$：正方形的四条边都一样长。长方形的两条边长一些，两条边短一些。

生$_2$：长方形两条长的边一样长，两条短的边一样短。

师（拿出平行四边形）：这个图形两条长的边一样长，两条短的边也一样长，它是长方形吗？

生$_3$：不是。长方形和正方形有四个直角，而这个图形有两个钝角和两个锐角。

师：这么说，长方形和正方形在边和角上有特点。今天，咱们就从边和角两方面来研究长方形和正方形的特点。

一个人的高矮胖瘦，是在与他人的比较中显现的。没有参照物，特征就不能凸显，图形的认识亦是如此。课伊始，我出示了学生已经认识的各种平面图形，让他们从中挑出长方形和正方形。这尊重了学生先前的认识和经验起点，暗合了他们对图形的直观辨认水平。我并没有把观察视角锁定在长方形和正方形上，而是将两种图形置于更加宽泛的图形领域，在与其他图形的比较中凸显两种图形的特征。换言之，圆、三角形、平行四边形和梯形在这里并不是可有可无的配角，而是担起了"比较""反衬"的重要作用。学生在辨认、比较图形的过程中，观察点逐渐聚焦在了图形的边和角上，并以自己的语言描述了长方形和正方形的特点。观察视角的聚焦是后续学习的基础。

二、多维验证，体验探究方法

学生以往对图形的认识，大多来自直观的观察和感受，真正从本质上探究图形特征还是第一次。在猜想图形特征之后如何验证，对学生来说是重要的学习经验，是探究其他图形特征的"金钥匙"，也是本节课学习的重中之重。

教学片段二：

师：刚才我们讨论了长方形和正方形的特点，可这些特点都是我们看到的、猜测的。到底是不是这样呢？我们还需要……

生：验证。

师：怎么验证猜想呢？有什么好方法吗？

生$_1$：可以把三角板上的直角和图形上的四个角比一比，如果重合了，就说明长方形和正方形上的角是直角。

生$_2$：可以用尺子量一量长方形和正方形的每一条边，看哪些边的长度相等。

师：这是一个好办法。如果不量出边的长度，有没有其他方法验证长方形、正方形边的特点呢？

生$_3$：可以用折的方法。把图形对折，看对折后的两条边是不是重合在一起。如果重合了，就说明两条边一样长。

师：同学们说的这些方法，都是验证的好方法。赶紧动手验证吧，看看刚才我们的猜想是否正确。

学生验证长方形、正方形边和角的特征。

凭肉眼观察长方形、正方形，其特征显而易见，"折、量、比"等验证过程看似"多此一举"，其实非常重要。用"折、量、比"等方法验证长方形、正方形边和角的特征，既是对前面猜想的验证，更有助于学生在操作验证的过程中深入地感受、理解两种图形的特征。这些看似简单的操作体验活动，正是学生走近图形本质特征的过程，是学生积累探究图形特征学习经验的过程。它在学生们的心田里播撒了一颗科学探究的种子，使他们在将来学习其他平面图形的特征时，能够顺向迁移，找到探究图形特征的方法。验证过程的价值还不仅于此，学生在整个操作过程中培养了操作、推理等多种能力。例如，用"折"的方式验证正方形边的特点时，便需要学生将空间思维与指尖操作相联结。把正方形上下对折、左右对折之后，证明了哪些边的长度相等？把正方形沿对角线对折之后，又证明了哪些边的长度相等？回顾三次对折的过程，怎样说明四条边都相等？这其中不仅包含了操作活动，更隐藏着严密的推理活动，需要学生手、眼、脑协调配合，边操作边思考，才能厘清其中的验证思路，达到验证的目的。再如，有些学生把正方形沿对角线对折之后继续对折，折成一个小三角形，使正方形的四条边完全重合，从而证明了正方形的四条边都相等。这种验证方法培养了学生思维的灵活性，更锻炼了学生的空间想象能力。

三、变中不变，感悟图形关系

在学生们的眼里，长方形和正方形是截然不同、毫不相关的两种平面图形。通过这节课的学习，如果学生仍然保持这种观点，那么他们对两种图形的认识是残缺的、不完整的，对将来进一步的学习造成认知障碍。也许有些老师会质疑，长方形与正方形的关系在四年级的学习中已有安排，不是本节课的教学任务。果真如此吗？仔细翻阅教材，我们从中能找到渗透图形间关系的"蛛丝马迹"。例如，教材中这样一道题目，"用一张长方形纸剪出一个正方形，说一说为什么这样剪"，便蕴含了长方形和正方形之间的联系。我们不能生硬地将"正方形是特殊的长方形"塞给孩子，也无须小心地回避两种图形之间的关系。如何以一种自然、有趣的方式将两种图形的关系融入其中，是我在执教本节课时深入思考的一个问题。

教学片段三：

师：瞧，这是什么图形？它的长和宽在哪儿？（出示课件，如图1。生回答）

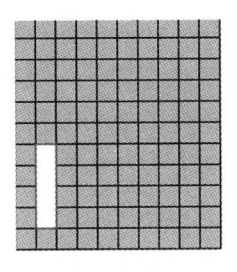

图1

师：小狗觉得这个长方形太瘦了，想把它变得胖点。小狗把这个长方形拉成了什么图形呢？请你们把图形名称说出来。（播放课件，如图2）

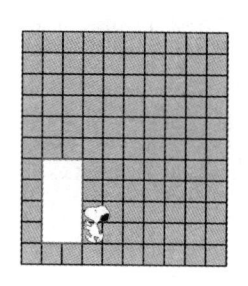

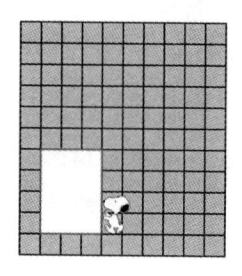

图 2

生：长方形、长方形、正方形、长方形……

师：继续往后拉，是什么图形？

生：都是长方形。

师：小狗拉动长方形的过程中，所形成的都是长方形吗？

生$_1$：不是，有时候拉成的是正方形。

师：什么时候拉成的是正方形呢？

生$_2$：长和宽相等的时候。

师：接着往后拉都是长方形了，小狗还有没有办法把它（最后所形成的长方形）拉成正方形？

生：往上拉。

师：嗯，现在小狗往上拉这个长方形，当拉成正方形的时候，大家为小狗喊停，好吗？

上述环节中，我设计了"小狗拉图形"这个学生们喜闻乐见的教学情境。小狗拉着长方形的一条边渐次右移，学生观察着、描述着图形的变化。在看、说的过程中，学生能自然体悟到正方形就"混迹"在长方形之中，是长方形家族的一分子。当教师要学生把"藏身其中"的正方形找出来时，他们便能发现相邻两条边相等时，形成的是正方形；而相邻两条边不相等时，形成的是长方形。在"变"与"不变"的思辨中，学生对于长方形和正方形的联系有了模糊的隐约的了解。一些教师常常止步于此，直接告知学生"正方形是特殊的长方形"，这仍然稍显操之过急。这层"窗户纸"要让学生自己捅破，方能显学习过程之"水到渠成"。

教学片段四：

师：我们和图形宝宝们玩了一节课，它们该回家了。（出示课件，如图3）

图3

师：瞧，这儿有两座房子，门口都有小士兵把守着，符合两个条件的图形宝宝才可以进门。谁来送图形宝宝回家？

生₁：1号图形回左边的家，3号图形回右边的家。（播放课件）

师：2号图形想回左边的家，4号图形想回右边的家，小士兵会让它们进吗？为什么？

生₂：不行，因为它们没有四个直角，只符合一个条件，不能进门！

师：正方形回了右边这个家。但它可贪心了，它说它还有一个家。（播放课件，如图4）

图4

师：小士兵能让正方形回左边的家吗？想一想，四人小组讨论一下。

生₃：不让进，因为正方形是四条边都相等，不是对边相等，所以不能进去。

生₄：让进，正方形四条边都相等没错，可它也符合对边相等这个条件，所以可以进左边的家。

师：你们同意谁的观点呢？

生：生₄的观点。（播放课件：正方形进入左边的家）

师：你们知道这两座房子是谁的家吗？

生：左边是长方形的家，右边是正方形的家。

师：正方形们看到小正方形住进了长方形的家，它们也吵吵嚷嚷地要住长方形的家。图形国王就在长方形的家里安排了一个房间让正方形住。（播放课件，如图5）

图5

师：长方形想住正方形的房间，可以吗？

学生讨论。

上述环节中，我设计了"图形回家"的教学情境。"图形回家"既是对图形特征的一次巩固提升，更为长方形和正方形的关系做了自然巧妙的孕伏。"正方形能不能回左边（长方形）的家"，这对学生而言是一个"坎"，是认知上的一次冲突。原以为毫不相干的两种图形要融为一体，对学生来说具有一定的思维难度。但在思考"正方形是否具备对边相等的特征"的过程中，学生已经在自我打破原有认知误区，形成新的认知结构。这是学生自主思考、自发领悟的过程。虽然教师并没有点出"正方形是特殊的长方形"，但在学生的脑海里，正方形已经"住进了长方形的家",这一步对学生而言弥足珍贵,这是对长方形、正方形认识的一次升华,是对两种图形特征认识的进一步完善。

"长方形和正方形的认识"这节课,在看似简单的知识点之下,蕴含着丰富的具有长远生长力的学习内容。通过本节课的学习,学生将来面对各种图形时,能主动找到探究视角,并选择合适的方法进行验证;能用发展的、联系的眼光看待图形之间的关系,从而形成更加完整严密的图形网络。这便是这节课赋予学生的重要的学习价值。这些价值的实现,得益于教师充分地挖掘教材中的潜在因素,准确地把握了学生学习中的新知增长点,在重要的教学环节上着力,从而实现了更丰富、更多元、更长远的教学效果。

从思辨的视角反思"长方形和正方形的认识"一课的教学

"长方形和正方形的认识"这节课是平面图形认识的起始课,有着很重要的教学地位。由于学生对长方形和正方形非常熟悉,在新授课之前已经对两种图形的特征有所掌握,因此容易给一线教师造成一个错觉:学生都已经会了,我还要教吗?我要教什么?

学生有了充分的学前经验,这是我们开展教学的有利基础。在学生已有的生活经验和学习基础之上,如何帮助学生进一步拔节和提升,这需要教师对教学内容进一步挖掘,设计具有思辨价值的问题,让学生在思辨中实现提升。如何设计辨析的问题,如何引导学生展开有效辨析,我们从这节课的教学中可以汲取一些有效的经验。

一、辨在"痒"处

学生在学习中会遇到一些比较关键的问题,这就是他们学习中的"痒"处。教师在备课中一定要及时找到学生学习中的"痒"处,在学生感兴趣且疑惑的地方展开思辨,帮助学生"拨云见日",解开疑惑。

学生能够在一大堆平面图形中快速找出长方形和正方形,这对学生而言轻而易举。辨认不是最重要的,更重要的是找出长方形和正方形与其他图形的不同,提炼出"边"和"角"这两个探究维度,这也是后续平面图形学习的重要基础。因此,在学生找出长方形和正方形之后,教师提出了一个问题:"你们怎么这么快就找出来了,长方形和正方形与其他图形有什么不同的地方吗?"通过这个问题的思考与辨析,让学生在比较中归纳长方形和正方形的特征,并提炼出"边"和"角"两个探究视角。学生从"正方形方方正正"的原有认知过渡到"正方形有四个直角,四条边都相等"的特点阐述,这正是从直观印象走向特征探究的过程。而这个过程的实现,就是在教师提出问题之后的思辨中完成的。

二、辨在"难"处

在"长方形和正方形的认识"这节课的教学中,长方形和正方形之间的关系是学生比较疑惑的地方。学生总以为长方形就是长方形,正方形就是正方形,对于"正方形是特殊的长方形"有些难以接受。在这个问题上,"强塞硬给"的效果并不理想,一定要让学生自己去思考、去探究、去辨析,才能真正理解其中的关系。

于是教师设计了几道很有讨论价值的问题,既引发了学生探究的兴趣,也实现了很好的教学效果。

在"小狗拉图形"这个教学环节中,教师提出了一个问题:"把长方形右侧的边向右拉动,会形成什么形状?一直都是长方形吗?"学生想象图形右侧的边向右拉动的过程中,脑海里出现的大部分是长方形。可是在一堆长方形里藏着一个正方形,这个正方形正需要学生去找出来,并且体会其中的关系。学生在思考这个问题的过程中会发现,当长方形的长和宽一样长的时候,就变成了正方形,它们之间是可以互相转化的。这个问题的思考,是学生对长方形和正方形之间关系的第一次探索。

紧接着,教师设计了一个有趣的教学环节——"图形回家"。在这个环节的教学中,教师同样设计了两个有意思的问题,引发了学生的争辩。第一个问题:正方形能不能回长方形的"家"?在这个问题上,学生之间产生了分歧。有些学生认为正方形不是长方形,有些认为正方形是特殊的长方形,双方产生了比较激烈的争辩。这个问题,正是学生学习中的难点。教师没有"出面"去解释这个问题,而是留给学生自己去思考,互相去辩论,在争辩的过程中逐渐达成了共识,对"正方形是特殊的长方形"有了深刻的理解。正方形"住"进了长方形的"家",教师继续提问:"长方形能住进正方形的房间吗?"这是对上一个问题的延伸和补充。有了之前的辩论基础,学生很容易地给出了自己的答案:"长方形不具备正方形的特征,所以不能'住'进正方形的'房间'。"两个问题的辩论，在课尾掀起了一个小小的思维高潮。因为思辨的点设在学生学习的"难"处，容易调动学生思维的积极性。在思考和讨论的过程中，难点迎刃而解。

由此看来，设置具有思辨价值的问题引发学生思考讨论，在数学学习中是非常重要的。但"辨"要辨在最合适最恰切的地方。在新知学习的关键处、在学生学习的疑难处设疑，可以很好地激发学生的学习兴趣和动力，促使他们在思考辩论的过程中习得新知，并发展思维能力。

第八节 生活与数学，在思辨中无缝衔接
——以"24时计时法"教学为例

"24时计时法"教学设计

教学内容：人教版小学数学三年级下册第52—53页内容。

教学目标：

1. 认识24时计时法，会用24时计时法表示时刻。

2. 通过比较、交流等活动，感知24时计时法与普通计时法的不同，会进行两种计时法之间的转化。

3. 感悟24时计时法的好处，激发学生的学习热情。在学习过程中体验到数学与生活的密切联系，感悟数学的应用价值。

教学重点：认识24时计时法，会用24时计时法表示时刻。

教学难点：两种计时法之间的区别和转化。

教学过程：

一、创设情境，导入新课

1. 创境

课件播放视频：

（两个学生正在通电话……）

美美：亮亮，合唱队明天7时在校门口集合，要去青少年文化宫参加演出。

亮亮：好的，到时候见。

（第二天早上7时……）

亮亮：不是7时集合吗？都7时了，怎么只有我一个人呢？

2. 质疑

师：这是怎么回事呢？

（学生思考，教师指名学生发表意见。学生在讨论中体会到"晚上7时"，如果不说"晚上"会造成误解。）

师：瞧，美美把"晚上7时"说成了"7时"，造成了误会。同学们有没有别的方法也能把这个时刻说清楚，避免以后产生像亮亮这样的问题呢？

生：晚上7时也可以说成19时。

3. 导新

师：这也是我们生活中常用的一种计时方法——24时计时法，今天我们就来学习这个内容（板书课题）。

【设计意图：创设学生熟悉的生活情境，制造因时刻描述不清楚而导致的矛盾冲突，激发学生学习24时计时法的兴趣和热情，自然引入新课。】

二、重视体验，探索新知

1. 学习24时计时法

（1）认识一天的开始

①师：一天有几个小时？（生答。教师板书：1日＝24时）

②师：什么时刻是一天的开始？（生发表意见）

学生观看春晚零点倒计时视频，引出0时。

（2）认识24时计时法

①观察

课件播放一天里时针转动的钟面（如图1），学生观察。

图1　　　图2　　　图3

②设问

在关键节点（如图2）设问：时针转动了一圈，来到了12时。再往下走1小时是几时？你是怎么想的？（学生思考，交流讨论）

师：13时再接着往下走是几时呢？（课件继续播放，直至"一天"结束）

③讨论

钟面（如图3）外圈的数表示什么？它和内圈的数有什么关系？

④小结

师：在一天里，钟面上时针正好走两圈。我们经常采用从0时到24时的计时法，叫做24时计时法。

【设计意图：学生通过观察"一天"时间里钟面上时针的转动，初步体会用24时计时法记录一天的时刻。教师在关键节点"13时"进行追问，使学生对"24时计时法"有更清晰的认识。】

（3）丰富体验，深化认知

①做动作

课件播放动画（如图4），学生随着课件中时针的转动及天色的变化，用动作表示出自己一天的生活。

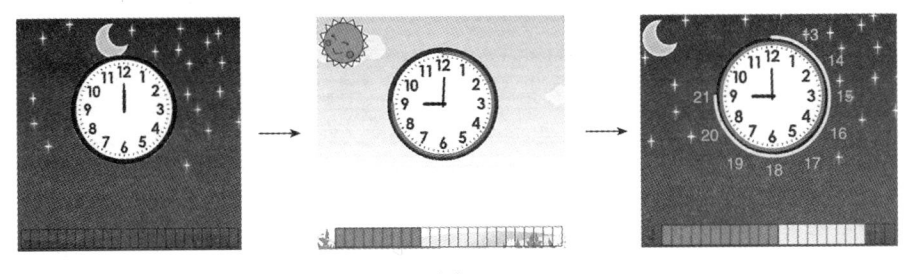

图4

②谈生活

课件在7:00、9:00、12:00、16:00、21:00等时刻停顿，并让学生说说这个时刻自己通常在做些什么。（指名学生回答，互动交流）

【设计意图：通过播放多媒体动画，使学生在形象生动的画面中进一步感受用24时计时法表示一天时刻的方法。课件在若干个时刻停顿，学生通过做动作、谈生活两种方式，链接自己的生活经验，深化了对24时计时法的认知。】

2. 学习两种计时法的转化

（1）交流讨论

师：你们在哪儿见过 24 时计时法？（学生自由发言）

（2）播放视频

课件依次播出几个电视节目的片头视频，学生用两种计时法说出节目的播出时刻，教师板书如下：

	24 时计时法	普通计时法
芝麻开门：	7 时 30 分	早上 7 时 30 分
七巧板：	10 时	上午 10 时
动漫世界：	12 时	中午 12 时
成长在线：	13 时	下午 1 时
新闻联播：	19 时	晚上 7 时
银河剧场：	20 时	晚上 8 时

（3）比较异同

观察两种计时法，比较两种计时法的不同。四人小组交流，小组代表汇报。

（4）总结方法

学生讨论总结两种计时法转化的方法，在讨论中感受 24 时计时法的优点。

【设计意图：以学生喜闻乐见的电视节目为载体，充分激发学生的学习兴趣，唤醒学生的生活体验。引导学生主动将这些节目的播出时刻转化为普通计时法，通过观察、讨论、交流等形式，使学生主动掌握两种计时法的转化方法，并感受 24 时计时法简洁方便的优点。】

三、练习应用，巩固新知

1. 用 24 时计时法表示时刻

学生做题，指名回答。

2. 照样子填一填

下午 6:06　　 18:06

晚上 8 时　　＿＿＿＿＿

凌晨 4:45　　＿＿＿＿＿

＿＿＿＿＿　　23:38

3. 小游戏：打电话

学生模拟打电话，用 24 时计时法对好朋友发出相约邀请（逛书店、看电影等等）。

【设计意图：练习的设计注重了习题的层次性与趣味性，关注了对本节课知识点的考查。"打电话"的设计富有生活趣味，学生在运用中体验，在体验中巩固新知。】

四、全课回顾，延伸拓展

师：今天我们学习了 24 时计时法。希望小朋友们课后多观察一下生活，看看还有哪儿用到了 24 时计时法，并用今天所学的知识解决更多的生活问题。下课。

【设计意图：对本节课内容进行课外延伸，使学生进一步体会数学知识与生活的密切联系，培养学生解决问题的意识和能力。】

"24 时计时法"备课思考
——向儿童需求回归

人教版三年级下册"24 时计时法"的教学目标为："理解 1 日＝24 时，知道 24 时计时法，会用 24 时计时法表示时刻；认识 24 时计时法与普通计时法的不同，并能进行两种计时法的互换；建立较强的时间观念。"我们在教学素材的选择、教学内容的呈现、教学的形式等方面进行了一番"颠覆"，使得教学妙趣横生、省时高效，这一切均源于教学实现了向"儿童需求"的回归。以下是笔者对课堂的引入、教学展开、素材选择三个环节的反思。

一、课堂导入，从抽象意境向儿童生活回归

什么样的课堂导入才能吸引学生，并自然带入新课学习呢？原以为美丽的意境能为新课教学带来良好开端，但几次尝试后发现效果并不理想，最终还是贴近学生的生活场景"占了上风"。请看两版导入设计。

初版设计

出示小河流水视频。

师：同学们，请看大屏幕，你们看到了什么？

生：有一条小河，河水流向了远方。

师：是啊，清澈的河水静静地流动着。在我们身边，也有一条看不见的小河在静静地流淌，一去不复返。但对我们每个人而言却非常珍贵，你们知道是什么吗？

生：是时间。

师：很棒，你们说对了。宝贵的时间像小河一样一天天流逝。同学们，你们知道一天有多长吗？

生：24个小时。

师：那同学们都有几种方法描述时间呢？比如晚上7时，还可以怎么描述？

终版设计

视频呈现以下内容：

美美：亮亮，合唱队明天7时在校门口集合，要去青少年文化宫参加演出。

亮亮：好的，到时见。

第二天早上7时……

亮亮：不是7时集合吗？都7时了，怎么只有我一个人呢？

师：同学们，你们想想，这是怎么回事呢？

生：美美的意思可能是晚上7时集合。

生：亮亮是早上7时就到校门口，所以只有他一个人。

师：看，如果不说"晚上"，7时可以表示晚上7时也可以表示早上7时，容易造成误解。同学们有没有别的方法也能把这个时刻说清楚，避免以后产生像亮亮一样的问题呢？

生：有，晚上7时也可以说19时。

师：很好，就是这个方法，它也是我们生活中常用的一种计时法，叫做

24时计时法。这节课我们就来学习这个内容。

【反思】

初版设计时，教师希望通过清澈的河水、潺潺的水声这一美妙的意境，使得抽象的时间概念变得具体。通过小河与时间长河的类比，引导学生在具体的物象中感受时间的流动性、不可逆性和不可分割性，把学生带入新课。然而，上课时学生难以陶醉在美妙的意境中，更难以迅速体会24时计时法。几次失败之后，我们明白，时间的特性非常抽象，教师都难以体会其深奥，更何况二年级的学生呢？这样的引入无法将学生的注意力聚焦在新知识点上。终版设计中，我们以学校合唱队前往少年宫演出集合为背景，设计了美美在通知亮亮时因"7时"的表达不具体，致使亮亮等不到人的情节。这样的情境贴近学生生活实际，令学生们感到熟悉、亲切，一下子唤醒他们的生活体验，激发了他们的学习热情。这里创设的矛盾冲突直指新课内容，快速切入主题，起到了很好的教学效果。

二、教学展开，从成人思维向儿童思维回归

什么样的教学路径更适合学生？教师在引导过程中是顺应儿童思维的走向，还是让学生顺应教师的思维走向？在本节课教学展开的过程中，我们对这个问题有了新的认识。

初版设计

师：在一天的时间里，时钟上的时针转了几圈？

生：转了两圈。

师：那第一圈从什么时刻到什么时刻呢？

生：从0时到12时。（课件演示：时钟内圈出示0、1、2、3……12）

师：第二圈呢？

生：从1时到12时。（课件演示：时钟外圈出示1、2、3……12）

师：观察这两圈的数字，有没有什么发现？（学生回答）

师：两圈的数字相同，这可有点小麻烦了。我们怎样才能把两圈的时刻分开呢？

生：加上早上和晚上。

师：对，我们把"早上""晚上"称作时间词，有了时间词的帮忙，就可以把两圈时刻区分开了。像这种用1到12来计时，并且需要时间词帮忙的计时方法叫做普通计时法。

师：如果不用时间词，有没有其他办法将两圈数字区分开呢？想想。

生：可以把早上7时用7时表示，晚上7时用19时表示。

师：像这样，用0时到24时的计时方法叫做24时计时法。（出示课题）

终版设计

师：现在，我们随着钟面上时针的转动来过一天的24小时，好吗？来吧，手指拿出来，跟着数一数。（播放课件：时针走动，下方时间条上的颜色跟着走动，把钟面的时间化曲为直。时针于中午12时停下）

师：现在几时了？一天结束了吗？

生：只过了一半。

生：时针只转了一圈。

师：嗯，接着往下走是几时？

生：13时。

师：怎么得出是13时呢？

生：12时过了，再走1小时就是13时。12再加1是13。

师：照这种计时方法，下午2时是——？（学生回答）

师：那，接下去下午3时呢？下午7时呢？（学生回答）

师：（播放课件）时针来到了24时，这一天结束了。同时，新的一天又开始了。如果再继续走，应该是什么时候？嗯，这个24时也是第二天的0时。

师：在一天时间里，时针转了几圈？我们经常用0时一直到24时来表示一天的时刻，这种计时方法就叫做24时计时法。

【反思】

在最初的设计中，我们的教学策略是"让学生从比较中发现两圈的时刻重复，产生区分时刻的需要，再通过自主探索、全班交流的方式自然引出两种计时法"，意在让学生经历两种计时法产生的需要和过程，帮助学生理清来龙去脉。试教之后，我们发现，貌似不错的教学思路，用于本课却并不合适。教学前测中，我们了解到学生在生活中已经积累了丰富的计时法的生活经验，比如"新闻联播"播出时间19:00就是晚上7:00。那么，上述所谓的"经历过程"是否还有其数学思考价值？当关键提问"当时针走到了12时，再往下走是几时"抛出时,是顺应学生的思维抓住新知增长点"13时"展开教学,还是"生拉硬拽"将学生带回"1时"的低起点重新出发?在实际教学中,生硬阻断学生的思维,使其顺着教师预设的轨道行走,难以取得良好的教学效果。只有顺应学生的思维走向,教学才会流畅生动。

三、素材选择,从成人视角向儿童视角回归

蹲下身子,试着从儿童的视角去观察世界,我们才会发现儿童眼中的世界跟我们有多大差别。选择贴近儿童生活的素材,教学才会引起共鸣,获得回应。本节课教学中,在素材选择上的变更调整,再次验证了这个观点。

初版设计

师:24时计时法在我们生活中应用很广泛,你们在哪儿见过24时计时法?能看懂它们表示的时刻吗?(课件展示图片,图片所含的时间信息如下:商店营业时间,10:00—22:00;动车票,7:51发车;公交站牌,首班车6:20,末班车18:20;"成长在线":13:00播出)

学生观看课件出示的图片,并一一将图片上的时间转化为普通计时法。而后教师引导学生对两种计时法进行比较,讨论转化的方法。

终版设计

师:你们和24时计时法交上朋友了吗?在哪儿见过24时计时法?(学生自由发言)

师:嗯,下面这些电视节目你看过吗?看哪个小朋友的眼睛最亮,能找到这些节目的播出时间?(播放课件,依次出现以下时间信息)

成长在线:13:00

新闻联播:19:00

动漫世界:12:00

七巧板:10:00

芝麻开门:7:30

银河剧场:20:00

学生观看视频,并一一将各个节目的播出时刻转化为普通计时法。接着,教师引导学生对两种计时法进行比较,讨论转化的方法。

【反思】

24时计时法在生活中有广泛的应用。在进行两种计时法的转化和比较的

教学环节中，该选取什么样的素材更合适需要慎重选择。初版设计中，我们带着相机，拍摄了生活中用到 24 时计时法的种种图片，力图以此激发学生学习的兴趣。但实际教学中，学生对这些图片并不感兴趣，这些图片没有起到预期的效果，有的图片甚至因为信息量较大，比如动车票，学生难以在短时间内提取有价值的信息。失败的经历让我反思：我们觉得这些画面信息很丰富，但学生会这么认为吗？学生对这些营业时间、公交站牌感兴趣吗？当图片出示之后，学生还要费劲地在复杂的画面中寻找各个角落里的时刻，是否人为地给学生制造了障碍？学生最喜欢的是什么？反思之后，我们意识到只有抓住学生的心，了解了他们的需要，才能真正激发其学习的动力和积极性。

在后来的教学中，我们选用了学生最喜欢的电视节目的片头视频作为学生学习两种计时法的区别与转化的载体，取得了很好的教学效果。当学生看到喜欢的电视节目片头时，热情高涨，全情投入。而后进行两种计时法转化更是不费吹灰之力，学得轻松有趣。与初版设计相比，课堂景象截然相反。当然，教师引导学生将学习目光仅仅聚焦在电视节目上，未免显得视野狭窄。所以，在后续练习的设计及师生交流中，教师注意引导学生将观察视角投向更广阔的生活案例中，弥补了这个不足。

吴正宪老师曾说过，教师要为学生提供"好吃"又有"营养"的数学。我们往往关注了"营养"，却忽略了如何让教学更"美味"。这需要教师充分了解学生的需求、特点，量身打造适合他们的教学。走近了学生，才能"虏获"他们的心；满足了学生的需求，教学将更有成效。

从思辨的视角反思 "24 时计时法" 一课的教学

在小学教学阶段，和时间有关的教学内容一直都是既简单又困难的教学内容。说简单，是因为孩子们在生活中每天都会和时间打交道，积累了非常丰富的生活经验；说困难，是因为时间看不见、摸不着，很抽象，因此不少学生学习时间时经常"摸不着北"。教师在教学和时间有关的内容时，一定要注重搭设生活与数学之间的桥梁，也就是充分运用学生已有的生活经验，帮助学生实现从生活经验到数学学习之间的过渡。引导学生进行有效思辨，就是其中的一条良好途径。

学生们在生活中经常接触24时计时法。虽然口头交流当中人们更常用12时计时法，但从电视、车票、商场等媒介当中，学生们对24时计时法也经常有所接触和了解。学生们对24时计时法不陌生，但对"为什么要用24时计时法，我们的一天是怎么过的，24时计时法和12时计时法怎么转化"仍存在着比较大的疑惑，需要教师在教学中加以引导和解决。

一、经历"一天"，在思辨中了解计时法的来龙去脉

学生们虽然过着一天又一天平凡的日子，但许多学生对于"一天"却没有完整的概念。什么时候是一天的开始，什么时候是一天的结束，一天有多长时间，一天当中的每个时刻"我"在做什么，这些都是学生认知中存在的盲区。造成这些盲区的原因在于，晚上乃至凌晨的时间学生们几乎都在睡梦当中，难以对这段时间产生相关的生活经验，因此，他们对"一天"的认知是不完整的、有欠缺的。这种不完整的认知会对计时法的教学产生一定的障碍和影响。

因此，在这节课的教学中，教师注重引导学生去体验"一天"，在唤醒学生已有经验的基础上去认识24时计时法。教师提出了几个问题："一天的开始是什么时候""中午12时再过1小时是什么时候""一天中的某个时刻你在做什么"，让学生在思考中唤醒经验，学习新知。从春节联欢晚会的迎新年倒计时视频中，学生了解了夜里12时也是第二天的0时，是一天的起点。学生们跟随着教师制作的动画短片，伴着太阳的东升西落"过"了完整的一天，并回忆自己的一天都做了些什么。虽然是"压缩"过的一天，但这样的体验活动对学生来说是非常有必要的，它让学生形成了对"一天24小时"的整体感知。有了这样的思考和体验做基础，学生对"24时计时法"的了解便水到渠成。

二、经验入手，在思辨中掌握两种计时法的互相转化

学生对24时计时法和12时计时法之间的转化有比较丰富的生活经验。例如，《新闻联播》播出时刻19：00，学生都懂得这个时刻是晚上7时。但学生能够熟练转化的也就只有常用的几个时刻。因此依靠经验进行计时法转化是靠不住的，还必须引导学生通过思考辨析，把经验式的转化提炼成数学方法，完成从经验到数学的过渡。

在本节课的教学中，教师选取了学生最为熟悉的几个电视节目播出时间，

作为计时法转化教学的载体，这样的选择很符合学生的学习心理。正因为是学生熟悉且喜欢的节目，所以学生在进行播出时间的转化时，感到轻松没有压力。当然，我们的教学目的不是只转化这几个时刻，而是掌握两种计时法转化的方法。因此，在学生转化出几个电视节目的时刻之后，教师引导学生比较两种计时法的相同点和不同点，让学生尝试着归纳出两种计时法转化的方法。学生们在观察、思考和交流中，总结出了两种计时法之间的转化方法，实现了从生活到数学的进步与提升。

学生生活中积累的经验，可以成为数学学习的良好基础。帮助学生实现从生活经验到数学知识的跃升，引导学生进行有意义的思辨就是其中的有效途径。

第九节　操作与想象，在思辨中发展思维
——以"探索图形"教学为例

"探索图形"教学设计

教学内容：人教版五年级下册第 44 页（综合实践课）。

教学目标：

1. 加深对正方体特征的认识和理解。

2. 通过观察、列表、想象等方式探索、发现图形分类计数问题中的规律，体会化繁为简解决问题的策略，培养学生的空间想象力。

3. 体会分类、数形结合、归纳、推理、模型等数学思想。

教学过程：

一、复习旧知，提出问题

1. 问题：正方体有什么特征？

2. 问题：棱长为 10 的大正方体，是由多少个棱长为 1 的小正方体拼成的？如果把这个大正方体的 6 个面涂上颜色，这些小正方体会有几个面被涂上颜色？如果根据涂色情况给这些小正方体分类，可以分为几类？

3. 问题：在棱长为 10 的大正方体里，每一类小正方体分别有多少个呢？

4. 引入：这节课，我们就一起来探究正方体表面涂色藏着的数学秘密。

二、分类计数，探索规律

1. 探索棱长为 3、4 的正方体涂色情况

（1）提要求：现在，以四人小组为单位，仔细观察，数一数棱长为 3 和棱长为 4 的大正方体中四类小正方体的块数，填入学习单相应的位置。

学习单：

棱长	总块数	（ ）面涂色	（ ）面涂色	（ ）面涂色	（ ）涂色
3					
4					
5					
10					

（2）小组活动，教师巡视。

（3）小组汇报，师生交流。

师：谁来汇报一下他们讨论的结果。

生：三面涂色的有 8 个。两面涂色的在棱的中间，每条棱上有一个两面涂色的，12 条棱，一共 12 个。

师：每条棱上有 3 个小正方体，不是应该用 3×12 吗？为什么用 1×12 呢？

生：一面涂色的在每个正方形的中间，一共 6 个面，所以一共有 6 个。

生：最中间有一个没有涂色的。

师：哪个小组来汇报一下棱长为 4 的大正方体？

生：三面涂色的有 8 个。

师：怎么刚才棱长为 3 的大正方体，三面涂色的有 8 个，现在棱长为 4 的大正方体，怎么还是 8 个呢？为什么？那棱长为 5 呢，棱长为 100 呢？

生：两面涂色的在棱上，一条棱上有 2 个，用 2×12=24 个。

生：一面涂色的小正方体，一面有 4 个，用 4×6=24 个。

生：没有涂色的小正方体在内部，有 8 个。

师：同学们想象一下，里面没有涂色的小正方体是什么形状的？

2. 探究棱长为 5 的大正方体的涂色情况

（1）提要求：现在挑战升级了，没有学具了，你们有信心完成吗？（播放

课件，如下图）。

(2) 小组活动，教师巡视。

(3) 小组汇报，提炼规律。

师：哪个小组来汇报一下。

生：两面涂色的，用 3×12 等于 36 个。

师：一条棱上有 5 个，为什么用 3 计算？（生答）

生：一面涂色的有 9 个。9×6＝54。

师：你怎么知道一面涂色的小正方体是 9 个呢？可以用一个算式来计算吗？（生答）

师：大正方体的棱长是 5，为什么用 3×3 呢？

生：没有涂色的小正方体有 27 个。用 3×3×3 来计算。

师：里面没有涂色的小正方体组成的是什么形状的图形？棱长为几？大正方体的棱长是 5，为什么还是用 3 来计算呢？（生答）

师：在没有学具，不方便观察的情况下，同学们依靠推理和想象，找到了这些计算方法，算出了一类小正方体的数量。

3. 解决问题：棱长为 10 的正方体，现在你们能算出每一类小正方体的个数了吗？

4. 提炼模型：如果计算棱长为 50、100、1000 的大正方体，能难倒你们吗？如果用 N 来表示棱长，你们能写出每一类小正方体的个数吗？

三、总结全课，回顾反思

师：通过这节课的学习，你有什么收获？

"探索图形"备课思考
——打造以思维培养为导向的数学课堂

数学是思维的体操。在数学教学中，学生思维的参与是学习效果的前提和保证，其思维能力的培养是数学教学的重要目标。数学教学不仅要重视知识技能的习得，更要重视学生思维的激活、引导和提升。下面以人教版五年级下册"探索图形"一课为例，谈谈以思维培养为导向的数学教学。

一、驱动，点燃思维火花

孩子们带着与生俱来的灵气，对未知世界有强烈的好奇心，乐对未知领

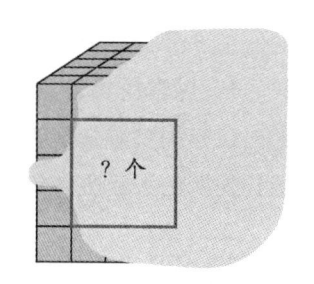

域进行挑战和探索。好的数学课应当是灵活的，教师要善于运用合适的问题和恰当的引导，将学生思维的"小火苗烧得旺旺的"，呈现出更加活泼的课堂样态。

在教学"探索图形"这节课时，教师在课件上展示了边长为10厘米的大正方体，并开展了如下教学活动。

师：同学们瞧，这个棱长为10厘米的大正方体是由多少个棱长1厘米的小正方体拼成的？

生：$10 \times 10 \times 10 = 1000$。它是由1000个小正方体拼成的。

师：如果老师把这个大正方体的表面涂上颜色，这些小正方体会有几个面被涂上颜色呢？根据涂色情况把这些小正方体进行分类，你打算分为几类呢？先观察一下，再和同桌讨论。

生：可以分为四类。有三面涂色的，两面涂色的，一面涂色的和没有涂色的。

师：每一类小正方体各有多少个？请你们数一数，算一算。

生：太多了，太复杂了，算不清楚。

师：小正方体的数量太多，算起来不方便，怎么办？

生：可以从棱长小一些的正方体开始研究，看看是不是能找到规律。

师：你们建议从棱长是几厘米的正方体来研究呢？

生：从棱长3厘米的正方体开始。

师：好。老师为你们提供了棱长3厘米的正方体。请你们看一下活动要求。

课件出示：

(1) 找出四类小正方体在大正方体中的位置；

(2) 分类数出四类小正方体的块数；

(3) 把想法和同桌交流讨论，把结果填入学习单上。

学生四人小组活动。

当学生沉浸于挑战某一个未知领域的乐趣时，往往是其最富灵气的时刻。教师要善于创设情境，激发学生参与学习的欲望和热情。在本节课教学之初，教师先抛出一个具有挑战性的问题："由1000个棱长1厘米的小正方体所组成的大正方体在表面涂色之后，根据小正方体的涂色情况可以把它们分为几类，各有多少个？"这个问题看似不难实则不易，瞬间点燃了学生继续探究的欲望。当学生自己提出从简单的情况入手研究时，也就寻到了一种解决复杂问题的重要方法——化繁为简。这样的教学过程，比之直接从棱长为 3 厘米的正方体入手研究，效果要好得多。原因在于学生总是喜欢挑战，享受征服未知领域的成就感。

学生的思维不仅要激活，也要引导。教师在教学中适时适当的点拨，可以使学生的思维聚焦在重点处，思之有法，思之有益。如果不加引导，让学生直接数棱长为 3 厘米的正方体中四类小正方体的数量，学生可以较为轻松地数出来。但"随意地数"属于低层次思维，学生虽然数出了结果，却对探究后续问题没有明显益处。换言之，学生要数，但要数得有思考，有方法。这里，需要教师及时点拨引导，凸显教师"导"的作用。在上述片段中，教师在学生操作之前给出了活动提示——找出四类小正方体在大正方体中的位置，再数出每一类小正方体有多少个。这要求学生在数小正方体数量的同时关注每一类小正方体与大正方体点、棱、面之间的关系。学生明确了思考的方向，数小正方体的数量时就有了更多思维的参与，数出了发现，数出了规律。

每个孩子都带着天然的灵气，有些闪烁，有些隐藏。教师既要充分激活学生的数学思维，让学生们自然地投入到对问题的探究中去；又要做好学生的引路人，在适当的时机指明方向，点燃学生思维的火花，使得课堂更加灵动。

二、开放，拓展思维空间

数学教师们大都反感死气沉沉的课堂，时常抱怨学生们脑子不活络，思维跟不上自己的教学节奏。这种课堂表象值得我们反思。要让学生的思维真正激活并且涌动起来，教师应当至少做好两件事情：设置精巧且具有思维价值的教学环节；营造轻松开放的课堂教学环境。教师应当重视教学情境的设计以及课堂氛围的营造，力求为学生提供更加开放的思维空间，让学生能够积极思考、踊跃发表、敢于批判。

学生们在探究了棱长为 3 厘米的正方体之后，教师为每个四人小组提供了棱长为 4 厘米的正方体，让学生们数一数三面涂色、两面涂色、一面涂色和没有涂色的小正方体各有多少个。学生们充分地观察讨论，在全班进行了汇报。

生$_1$：三面涂色的小正方体在大正方体的点上，有 8 个；两面涂色的小正方体在大正方体的棱上,每条棱上有2个,2×12,有24个;一面涂色的小正方体在大正方体的面的中间,每个面4个,4×6,有24个;没有涂色的小正方体在大正方体的内部,有4个。

生$_2$:三面涂色、两面涂色和一面涂色的小正方体的个数,我同意生$_1$的意见。但是没有涂色的小正方体,我认为是8个。

生$_1$(迷茫中):这个大正方体辦不开,看不到里面的情况。你们看(指着大正方体的上面,如图1),中间一面涂色的四个小正方体下面,不是藏着四个没有涂色的小正方体吗?

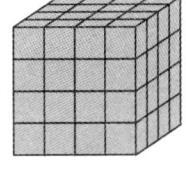

图1

生$_2$:你只看到了一层。去掉大正方体上面涂色的一层和下面涂色的一层,中间没有涂色的小正方体会有几层呢?应该是8个吧。

生$_3$:我用计算的方法来思考。小正方体的总数量是64个,去掉三面涂色的小正方体8个,两面涂色的24个,一面涂色的24个,64-8-24-24=8,没有涂色的小正方体应该有8个。

师:看得见的小正方体好数,看不见的小正方体难住了一些同学。到底是4个还是8个呢?

全体学生:是8个。

师:让我们打开大正方体看看,是不是你们所想象的样子。(教师播放课件,如图2)

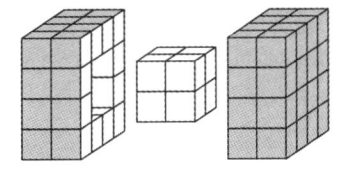

图2

数学教学应该努力为学生拓展思维空间,力图让学生的学习困惑暴露在外,并通过学生自身的"辨"及彼此间的"辩",达到突破难点、提升思维的效果。数棱长为4厘米的正方体中三面涂色、两面涂色、一面涂色和没有涂色的小正方体的数量对学生而言具有一定的难度。一是要有序地数、找规律地数,才能数得清楚,数得有意义;二是没有涂色的小正方体包含在内,"看不见"的部分需要依靠学生的想象、推理才能数清楚。许多教师在教学本节课时,为学生提供了可拆分的大正方体,其目的就在于降低思维难度,方便学生能够拆开看一看,一探究竟。本节课执教教师反其道而行,提供的是不能拆开的大正方体。其目的就在于断了学生去"看"去"数"的路子,而"逼"着学生去思考、去想象。一个小小的改变,为学生提供了思考和辨析的空间。在上述教学片段中,空间想象和推理能力较弱的孩子,在数没有涂色的小正方体数量时出现了困难，这正是学生思维困惑的真实体现。这个思维难点的暴露，成了学生"辨"的好时机。学生通过实物操作辅助想象，通过计算进行验证，多角度入手，在辨析中突破了这一难点。正是教师在学具上动的"小手脚"，以及给予学生充分的时空和自由，学生们的思维才得以充分激发，在思辨中培养了其空间想象能力和推理能力。

三、抽象，提升思维品质

数学教学既要重视学生思维的激活与参与，更要重视将学生的思维引向深入，在深度思考中提升其思维品质。教学中，教师不能满足于学生学会解决一个问题，而要由一个问题引申开去解决一类问题。由"题"走向"类"的过程，是数学抽象的过程，也是学生数学思维提升的过程。

学生在探究棱长为3厘米、4厘米的大正方体中四类小正方体的数量时，已经感悟到了四类小正方体的数量与大正方体的点、棱、面之间的关系。即三面涂色的小正方体在大正方体的"点"上，两面涂色的小正方体在"棱"上，一面涂色的小正方体在"面"上，没有涂色的小正方体在"体"中间。即便发现了这样的关系，学生仍然停留在数和算的具体直观操作阶段。教师应当引导学生继续深入，摆脱直观操作的支撑，去寻觅背后隐藏的数学奥秘。

（学生汇报棱长4厘米的大正方体中四类小正方体的数量之后）

师：刚才汇报当中，我们得到了四类小正方体的数量。三面涂色的小正方体在大正方体的顶点上，有8个；两面涂色的小正方体在大正方体的棱上，$2×12=24$个；一面涂色的小正方体在大正方体的面上，$2×2×6=24$个；没有涂色的小正方体在大正方体中间，$2×2×2=8$个。大正方体的棱长是4，为什么我们都用2来计算呢？这个2是怎么来的？它和棱长4有什么关系吗？

学生讨论，汇报。

生$_1$：两面涂色的小正方体在大正方体的棱上，一条棱上有4个小正方体，去掉头尾两个三面涂色的小正方体，剩下2个两面涂色的小正方体。所以，用$(4-2)×12=24$个。

生$_2$：一面涂色的小正方体在大正方体的面中间，每一面去掉上下两行和左右两列，用$(4-2)^2$算出一个面有4个，再乘6个面，得到24个小正方体。

生$_3$：没有涂色的小正方体在大正方体的内部。去掉外面涂色的一层，用

$(4-2)^3$ 算出有 8 个。

师：如果计算棱长更大一些的正方体，你们有信心吗？没有学具让你们操作了，你们还能算得出来吗？

生（充满信心）：能。

四人小组计算棱长为 5 厘米、10 厘米的大正方体中四类小正方体的数量。

师：这样算下去，算得完吗？如果棱长为 N，你们能写出每一类小正方体的数量吗？

生：三面涂色的有 8 个，两面涂色的有 $(N-2)×12$ 个，一面涂色的有 $(N-2)^2×6$ 个，没有涂色的小正方体有 $(N-2)^3$ 个。

师：总结得太棒了。找到了这个规律，我们就能解决这一类问题。请你们再思考一下，这个 N 可以是任意自然数吗？

生：不是的，$N≥2$。

学生们在前面的操作中，发现了四类小正方体与大正方体点、面、棱之间的关系，品尝到了探究发现的美妙滋味。这时，教师应该趁热打铁，继续带着学生们向知识的更深处探寻。在上述教学中，教师先引导学生思考一个关键问题："为什么棱长为 4 厘米，而我们都用 2 来计算呢？"通过对这个问题的思考，使学生将关注点从计算转移到算式中的"2"与棱长的关系上来。在对这个问题的思考和讨论中，计算模型逐渐"浮出水面"。这时，教师提出新的要求，不再提供学具，让学生计算出棱长 5 厘米、10 厘米乃至 N 厘米的大正方体中四类小正方体的数量。学生有了前面思考的基础，抽象出计算公式也就变得水到渠成。公式的提炼，使得学生掌握了解决这一类题目的"通法"。提炼公式的过程，使得学生的思维得到了锻炼，思维品质显著提升。

好的数学课，因为有了学生思维的积极参与而变得生动有趣；因为有了学生思维的发展提升而显得更有价值。数学教学应当着力于调动学生思维活跃度，开拓其思维空间，提升其思维品质。数学教学应当为学生的思维而教，为提升学生数学素养而教。

从思辨的视角反思"探索图形"一课的教学

"探索图形"是五年级的一节数学综合实践课。综合实践课的主要教学目标是培养学生解决问题的能力，能够寻找解决问题的对策，并在解决问题的过程中发展思维、提升素养。本节课要学生解决的问题是"边长为 10 的大正方体里面小正方体的涂色情况"，这是一个具有一定难度的富有挑战性的问题，在解决这个问题的过程中，可以培养学生的想象能力、推理能力和模型思想。怎么教学才能实现这样的教学效果呢？这考验着教师的智慧。

在这节课的教学中，教师既考虑学生的学习特点，提供了学具让学生观察、拆拼、讨论、交流，又在学生进行了充分的实践操作基础上拔升了难度，让学生以想象推理代替实际操作，直至最后发现规律、建立解题模型。整节课的教学始终以思维培养为导向，学生在挑战难题的过程中不仅收获了成功的喜悦，更习得了宝贵的解决问题的经验，发展了数学思维。

学生探究棱长为 3 的大正方体时，教师引导他们将思考的关注点放在不同涂色情况的小正方体有几种以及它们在大正方体中的位置。学生主要通过观察、拆拼等方法，将小正方体根据涂色情况的不同进行分类，并通过它们所在的位置不同，发现它们所处位置的规律，也就是三面涂色的小正方体在大正方体的顶点上，两面涂色的小正方体在大正方体的棱上，一面涂色的小正方体在大正方体的面上，没有涂色的小正方体在大正方体的中间。学生通过操作、思考和讨论，对大正方体的结构有了整体认知，对涂色情况不同的小正方体进行了分类，为后续的研究奠定了很好的基础。

学生探究棱长为 4 的大正方体，其思维的聚焦点在于不同涂色情况的小正方体的计算方法，初步体会不同计算方法的道理。因此，学生在汇报了两面涂色、一面涂色和没有涂色的小正方体的数量的计算方法之后，教师提出了几个问题让学生进一步理解和思考，例如"两面涂色的小正方体用 2×12 来计算，这里的 12 是什么意思""一面涂色的小正方体用 4×6 来计算，这里的 6 是什么意思"等。通过几个问题的思考和讨论，初步建立起计算模型。

学生如果一直停留在具体操作阶段，虽然能够得到不同涂色情况的小正方体的数量，但学生的数学思维得不到较大的提升和发展。因此，在探究棱长为 5 的大正方体时，教师不再提供大正方体的实物，而是在课件上出示遮挡了一部分的大正方体。学生对大正方体不仅"摸"不到，还"看"不全，这"逼迫"着学生们必须去想象和思考，而不能依靠拆一拆、数一数得到答案。在这个环节的教学中，教师设计的问题更具有思辨的难度，例如"计算两面涂色的小正方体用 3×12 来计算，大正方体的棱长是 5，为什么用 3 来计算呢""计算没有涂色的小正方体用 3×3×3 来计算，为什么还是用 3，这个 3 和棱长 5 之间有什么关系呢"……通过这些问题的思考和辨析，不同涂色情况的小正方体的计算模型已经呼之欲出。

前面三个大正方体的探究，既有丰富的实践操作，又有学生的想象推理。因此，学生已经具备了解决本节课问题的能力，也就是能够用计算的方法解决"棱长为 10 的大正方体里面，不同涂色情况的小正方体各有多少个"问题。这时候，教师提出了"如果棱长为 n，你们能够写出各类小正方体的数量吗"这个问题，引导学生提炼公式，建立模型。通过思辨的学习，学生掌握了解决这类问题的通法，实现了从操作实践到抽象公式的提升。

纵观这节课的教学，教师明确各个教学环节的教学目标，不同环节的教学重点各有侧重。从实践操作到想象推理，乃至最后的抽象提升，教师始终以有思辨性和针对性的问题为导引，带着学生一步步探寻，一步步提升。在解决问题的过程中，很好地发展了学生的数学思维，也让学生对数学产生了浓厚的兴趣。

第十节　表象到实质，在思辨中触碰核心
——以"3 的倍数特征"教学为例

"3 的倍数特征"教学设计

教学内容：人教版五年级下册教科书第 15 页。
教学目标：
1. 理解 3 的倍数的特征及其背后的道理，掌握一个数是否是 3 的倍数的判断方法。
2. 培养分析、比较和综合概括能力。
3. 培养合作交流的意识，积累学生的数学活动经验。

教学重点：
掌握 3 的倍数特征，正确判断一个数是否是 3 的倍数。
教学难点：

探索 3 的倍数特征，理解 3 的倍数特征背后的道理。

教学过程：

一、联系旧知，形成猜想

师：我们认识了 2 和 5 的倍数特征，你们猜猜，3 的倍数会有什么特征呢？

生₁：3 的倍数的个位上是 3、6、9。

生₂：不对，13、16、19 都不是 3 的倍数。

师：看来这个猜想不成立。

【设计意图：虽然是一个"一眼推翻"的猜想，但这样的猜想仍有其价值所在。从 2 和 5 的倍数特征迁移而来的猜想，是学生自然的思维生发。教师应当鼓励学生敢于猜想、有理有据地猜想。】

二、寻找思路，再提猜想

师：那么 3 的倍数到底有什么特征呢？我们该怎么去找 3 的倍数特征？

生：可以像之前找 2 和 5 的倍数特征一样，先找出一些 3 的倍数，再从中发现规律。

师：嗯，这是个不错的方法。同学们，这是一张百数图（出示百数图），请你们将 3 的倍数找出来，再观察讨论一下，看看有什么发现。

学生四人小组活动。

展示学生作品。

	1	2	3	4	5	6	7	8	9
10	11	12	13	14	15	16	17	18	19
20	21	22	23	24	25	26	27	28	29
30	31	32	33	34	35	36	37	38	39
40	41	42	43	44	45	46	47	48	49
50	51	52	53	54	55	56	57	58	59
60	61	62	63	64	65	66	67	68	69
70	71	72	73	74	75	76	77	78	79
80	81	82	83	84	85	86	87	88	89
90	91	92	93	94	95	96	97	98	99

师：请你们观察一下，这些 3 的倍数有没有什么特征？你能找到什么规

律吗？

生₁：这些数都是斜着整齐排列的。

生₂：每一斜行上的数有规律，头尾对应的两个数十位和个位上的数字调换过来了。比如最下面这一斜行，69和96，78和87。其他斜行也有这样的规律。

生₃：每个斜行上的数各个数位上的数字的和是一样的。第一个斜行的数各个数位上的数字相加等于3，第二斜行等于6，其他的分别等于9、12、15……

生₄：我发现这些数各个数位上的数的和有规律，都是3的倍数。

师：你们能再大胆猜想一下，3的倍数有什么特征吗？

生₅：把一个数各个数位上的数字相加，如果是3的倍数的话，这个数就是3的倍数。

【设计意图：3的倍数特征较为"隐蔽"，但如果将3的倍数置于百数图中，其数据排列就会有规律可循，便于学生观察、比较，从中发现规律，并提出猜想。相较教师提醒探究思路及用小棒替代各个数位上的数字等传统手段，百数图无疑是更好的教学媒介。】

三、举例计算，验证猜想

师：你们通过列举数据、观察比较，提出了一个猜想。我们怎么知道这个猜想是否正确呢？

生₁：可以再找一些3的倍数，看是否符合这个猜想。

生₂：也可以找出一些各个数位上的数字之和是3的倍数的数，看它们是不是3的倍数。

生₃：还可以找一些不是3的倍数的数，看它们各个数位上的数字之和是不是3的倍数。

师：嗯，你们能从多个角度进行验证，是很好的思路。现在请你们以四人小组为单位进行验证活动，开始吧。

学生活动，小组汇报。

小组₁：192各个数位上的数字之和是12，192除以3等于64，是3的倍数，符合我们的猜想。

小组₂：3680各个数位上的数字之和是17，3680除以3等于1226还余2，不是 3 的倍数。这也符合我们刚才的猜想。

……

师：课后你们还可以再举一些例子试一试。

【设计意图：培养学生科学验证的意识很重要。在提出猜想之后，教师引导学生思考验证方法，让学生相互补充，从多个角度进行验证，以培养学生科学严密的探究意识。】

四、理解算理，深化认识

师：我们验证了先前的猜想，了解了 3 的倍数特征。你们还有什么疑问吗？

生：我想知道为什么"各个数位上的数字之和是 3 的倍数，这个数就是 3 的倍数"？

师：这个问题很有价值，你们想过其中的道理吗？141 是不是 3 的倍数？（生：是）我们来看看为什么可以用（1＋4＋1）的和来判断 141 是否是 3 的倍数，你们瞧。

课件演示：

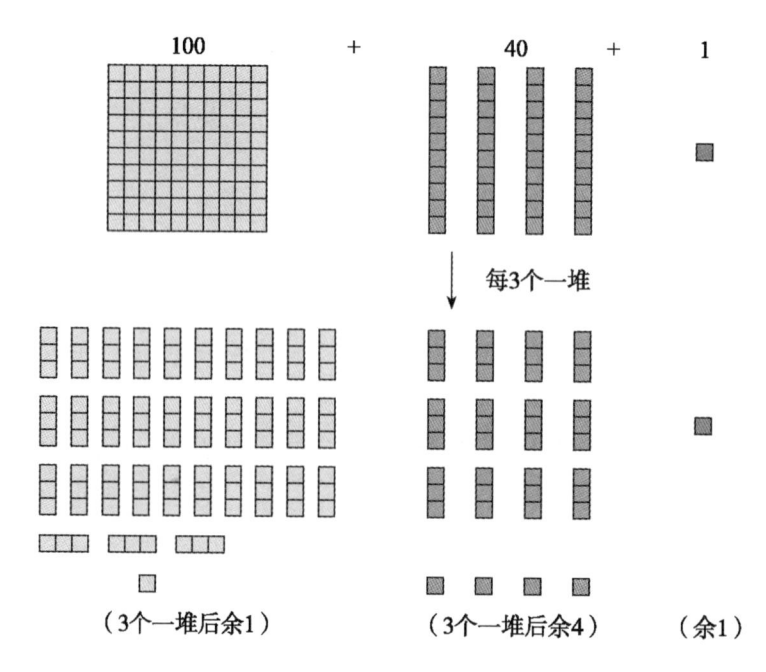

```
      100        +        40        +      1

                         每3个一堆
                            ↓

   （3个一堆后余1）    （3个一堆后余4）    （余1）
```

师：看明白了吗？谁来说说为什么可以用（1＋4＋1）的和来判断 141 是

否是 3 的倍数，这三个数字分别表示什么意思？

生：百位上是 1 个百，3 个 3 个地分，还剩 1；十位上是 4 个十，3 个 3 个地分，还剩 4；个位上是 1，不能 3 个 3 个分，还剩 1。三个数位上一共剩下 1＋4＋1＝6 个小正方形，6 还可以分成 2 个 3，所以 141 是 3 的倍数。

师：以此类推，你们能不能再举一个例子来说明一下。

学生以其他数为例，说明用各个数位上的数字之和进行判断的道理。

【设计意图：相较 3 的倍数特征的探究而言，理解算理对学生来说具有一定难度。辅以方格图直观演示，有助于化抽象为具体，便于学生理解。对算理的进一步探究，将捅破学生认知的最后一层"窗户纸"，使之达到"法""理"相融、深入掌握的程度。】

五、回顾全课，总结提炼

师：通过这节课的学习，你有什么收获？我们是怎么学习 3 的倍数特征的，你有什么体会？

"3 的倍数特征"备课思考
——一道错题引发的教学思考

教学"2、3、5 的倍数特征"这一内容时，学生作业中的一道错例令我颇为不解。这是一道判断题：个位上是 3、6、9 的数是 3 的倍数。其实，随意举个例子都可以驳斥这句话，轻而易举就能得出正确判断。但奇怪的是，有不少学生都认为这句话对。学生们常以为"51、57、87"是质数，这也与学生对 3 的倍数特征不敏感有关。

一、深入开掘，剖析错因

为什么看似简单的学习内容，学生却难以接受，屡犯"低级错误"呢？

1. 受"2、5 的倍数特征"的负迁移

相比 2、5 的倍数特征而言，3 的倍数特征不那么直观明显且易于理解。孩子们从认识 1、2、3……开始，就已经自觉不自觉地 2 个 2 个数数，5 个 5 个数数，积累了非常丰富的 2、5 的倍数的经验，所以在学习 2 和 5 的倍数特征时，可谓轻而易举，手到擒来。这些从小积累的数数经验，虽为学生学习 2、5 的倍数特征提供了坚实的基础，但也对 3 的倍数特征的教学带来了强烈的干扰，产生了巨大的负迁移作用。学生们习惯了在个位上找寻倍数特征，误认为3的倍数特征也在个位上就情有可原了。

2. "浮于表面"的浅探究所致

要"对抗"学生固有的"个位情结"，更需要教师在教学中引导学生深入探究。在教学"3的倍数特征"时，学生们虽也经历了"猜测—验证—推翻猜想—再观察—再猜测—再验证—得出结论"的探究过程，但多数是浮于表面的浅探究。

（1）自己找，还是教师给？

学生在初次猜测3的倍数特征时，往往提出"个位上是3、6、9的数是3的倍数"，这时让学生例举几个数便可轻易推翻这条结论。然而，失去了唯一的可寻线索，学生往往陷入茫然。即便写出了一些3的倍数，也难以从中找到新的思路。这时，大多数教师会适时提出——"把3的倍数的各位上的数相加，看看有什么发现？"虽然教师的点拨为学生指出了一条"康庄大道"，但教师的"给予"能给学生留下多深的印象？这种教师指引下的"动作"是"自主探究"吗？失去了"发现问题、提出问题"的过程，也就失去了探究的意义，无怪乎学生对于"3的倍数特征"不敏感，这与教师的"给予"不无关系。

（2）知其然，还是知其所以然？

在教师的指引下，学生计算了"12、15、18、21、24、27……"等数各位上的数的和，很快发现了3的倍数特征。在总结出特征之后，教师往往让学生进一步验证，自己例举一些数，看这条特征是否"放之四海皆准"。充分验证之后，再引导学生总结出3的倍数特征，教学至此完成。只是，学生在总结出特征之后，心里会产生疑问"为什么要将各位上的数相加呢"，没有解开这个心结，学生的掌握仅止在"操作层面"。缺少了对其中道理的理解，就如同"无源之水、无本之木"，错误也就在所难免。

二、对"症"开方，由"表"及"理"

"2、5的倍数特征"的负面干扰不可避免，教师通过引导学生进行有效探究，则完全可以帮助学生真正掌握好这一内容。

1. 在有序排列中寻找规律

在2、5的倍数特征的教学中，学生只要随意写出几个2或5的倍数，即可很快发现其倍数特征。而3的倍数特征较为"隐蔽"，学生写出一些3的倍数后，仍难以发现其中规律。此时，教师可以利用百数图，使3的倍数呈有序排列，以便学生在观察的时候自主发现规律。

学生经由"观察—发现—猜想"的过程，将获得更加深刻的切身体会，丰富其数学活动经验，从而促进其对3的倍数特征的理解。这比教师"直接提示"效果要好得多。

2. 在深入剖析中理解规律

学生经历了"提出猜想—举例验证—得出结论"之后，对3的倍数特征有了较为深刻的认识。然而，过了一段时间之后，学生对3的倍数特征遗忘得较多。究其原因，在于学生对于3的倍数特征的认识仅止于"面"上，即学生仅从数的表面了解了3的倍数特征，而对于"为什么要将各个数位上的数字相加"则一无所知，无怪乎学生容易遗忘。虽然教材中并未要求学生理解3的倍数特征其中的道理，但如果将其中算理稍作介绍，可以使学生的认识由"表"及"理"，更加深刻透彻，也就能避免一些错误的发生。

在课堂教学中，教师利用方格图直观演示，让学生清晰地看到将一个数各个数位上的数字相加来判断是否是3的倍数的道理所在。对算理的进一步探究，捅破了学生认知中的最后一层"窗户纸"，使之达到了"法""理"相融、深入掌握的程度。

通过对一道错例的深入分析，笔者发现，学生掌握一个数学知识点不能仅依靠教师口耳相授，也不能单纯依赖于机械模仿。学生只有经由自己的发现、感悟、操作，才能丰富学习体验，学好每一部分知识。且在掌握方法的同时，应该理解其中的道理所在，明晰了"理"，才能达到对知识的真正掌握。

从思辨的视角反思"3的倍数特征"一课的教学

在人教版五年级下册"因数和倍数"这个单元中，学生探究了2、5、3的倍数的特征。"3的倍数特征"是在"2、5的倍数特征"学习之后，学生已经有了一定的探究经验，按理说学习难度并不大。但实际情况是，学生对于2和5的倍数特征掌握得很好，对3的倍数特征却感到比较困难，原因何在呢？

2和5的倍数特征比较简单，其研究的聚焦点在数的个位上，道理也比较浅显易懂。而3的倍数特征和它们比起来显得有些特别，其中的道理更加隐蔽和深奥，学生不太容易弄明白。按照教材的编写意图，学生只需要通过观察、比较，归纳出3的倍数特征并加以应用就可以了，并没有对其背后的道理做出教学要求。但学生如果只知道特征却不知其理，就容易陷入机械记忆和套用的被动境地，导致错误率较高。因此，这节课的教学，教师不仅要引导学生总结归纳出3的倍数特征，更要引导学生去理解其中的道理所在，使学生从表象走向实质，实现对数学的深度学习和掌握。

沿2、5的倍数特征的探究路径，3的倍数特征同样以百数图作为研究载体。将100以内的3的倍数圈出来，学生能够看到规律性的排列，更容易发现其中的规律。与2、5的倍数特征相比，3的倍数特征更隐蔽，不容易发现。课堂上，教师引导学生多角度观察，多方面思考，结合学生的回答给予及时的点拨和回应，帮助学生逐渐找到其中的规律，并进行归纳总结。

总结出3的倍数特征之后，这节课的教学还没有完结。为了帮助学生由表入里，教师继续引导学生就刚刚发现的3的倍数特征继续思考和提问。学生们心里都有个疑问"为什么把一个数各个数位上的数加起来是3的倍数，这个数就是3的倍数"，也就是学生们想知道这个特征背后的道理所在。用数和算式来解释其中的道理是十分抽象的。教师选用了小正方形图来直观演示其中的算理，让学生"看图说话"，数形结合的方式使学生直观理解了其中的道理所在。通过这样的教学，学生既懂得了规律，更懂得了背后的道理，实现了对新知的深度理解。

其实，2、5的倍数特征和3的倍数特征背后的道理都是一样的。判断一个数是不是2或者5的倍数只需要判断个位，是因为十位、百位、千位……上的数都是2和5的倍数，所以只需要判断个位上的数是不是2或者5的倍数就可以了。因此，教师在引导学生理解3的倍数特征的道理之后，可以把2、3、5的倍数特征的道理"串"起来，使学生既知其然也知其所以然，还能将整个小节的知识连成整体，形成对整个章节的整体认知，能够培养学生思维的系统性。

从这节课的教学可以看出，什么样的课堂才是深度学习的课堂？其实，要实现深度学习，一是教师要对教材进行深度挖掘；二是在课堂上要引导学生进行有效思辨。既学到知识的"表"，更深入知识的"理"；既习得知识技能，更发展思维。

第三章　我的成长故事

教学路上的三次"转变"

岁月是一首无声的歌，悠悠转转，低吟浅唱。17年前，带着初出校门的青涩，满怀着对未来的憧憬和向往，我踏上了三尺讲台。教学路上，我努力着一路向前，但偶尔的驻足转身，却总能遇见更美的风景。

课堂教学——从"关注自我"向"服务学生"转身

1999年8月，我从厦门师范学校毕业，回到了小学时就读的母校，成为了一名数学教师。在学校里，既有着小时候读书时的那份亲切，更有自己的恩师手把手的教导和提携，那是一段单纯而又愉快的时光。

入职两三年后，课改的春风吹进了校园。好不容易在高年级"安定"下来的我，被安排到了一年级教数学。和四十几个"小不丁点儿"相处，自己时常哭笑不得，好几次被气得滴下了不争气的眼泪。一开始确实心有不满，后面才理解了学校的用意。因为身处课改年段，我时常可以参加各种教材培训，也得到了许多参加赛课的机会。

时至今日，第一次执教区级公开课的情形仍然历历在目。在师傅的指导下，我进行了一次又一次的试教、调整，为的就是呈现最完美的课堂教学效果。回想起来，当时考虑更多的是自己，是如何在课堂上将原先的预设完整地呈现，如何避开在教学中碰到的各种意外。于是，课堂上的我保持着高度的注意力，时时提防着差错，直至下课铃声响起的那一刻才得以放松。为了一个完美的结束，自己甚至还要了点"小聪明"，课前向一个学优生偷偷地"面授机宜"，做了一个小小的约定。当最后一问"学了这节课，你有什么体会吗"抛出时,这位学优生站起来回答:"今天这节课叫做'伟人的生日',我觉得只要从小好好学习,我们长大以后都可能成为一个优秀的人。"下课后,我还为这样一个完美的结尾沾沾自喜,不曾想一位听课老师和我聊课时谈起了这个细节,她说:"最后一个孩子说的挺好,就是听起来不像是孩子自己的话。"一句话,让我的志得意满顿时烟消云散。是啊,上课不是做戏,好看、好听不一定就是好课。课堂,不是师生表演的场所,而应该是真实、自然、充满灵性的生命历程。

参加赛课是教师专业成长的助推器,每一次赛课于我而言都是"脱胎换骨"的过程。原以为课前预设是"金科玉律",总是生怕课堂上出一丝纰漏。在一次次磨课锤炼中,我逐渐有了不一样的感悟。功在课前,我们应该对学生做充分的学情了解,掌握他们的知识基础和可能存在的困难;对教材进行深入解读,准确把握教材编写意图;对教学进行精心的设计,并全面预设学生学习中可能出现的情况。做好这些准备工作,在课堂上把握好教学主线,便可以做到成竹在胸。原来,课堂上教师挥洒自如、游刃有余的秘诀不在于"背教案、守教案",而在于对教学目标的准确定位,对教材、对学生、对课堂设计的全面把握。想明白了这一点,课堂上的我愈发觉得轻松、自在。对课堂上的即时生成不再觉得"恐慌",反而充满期待,期待着孩子们在课堂上的灵性闪耀,期待着孩子们各种有意思的想法和回答。经过这样的"解套",我的教学之路也越走越宽。几年来省、市赛课的多次历练,我的教学技艺愈发成熟。2015年,经过两次省级赛课选拔,我成为了参加第十二届全国深化小学数学教学改革观摩交流会的福建省选手。带着"认识小数"一课,我走上了全国赛课的讲台。这既是对我几年来课堂教学的一次总结和检阅,也是一个新征程的开始。如何更加准确地定位教学目标,如何更好地为学生的学习服务,是我将来不断探索的方向。

教育写作——从"追求文采"向"凸显价值"转身

刚走上工作岗位的头几年,在忙碌的教学工作之余,我开始提笔撰写教学文章。凭借着求学时代积累的一点撰文功底,教学写作的起步还算顺利。只是,虽然自己的文章看起来词句通顺、文笔流畅,却没能在市、区级论文评比中获得好成绩,当时的我十分费解。

特级教师张荣生老师是我的师傅,他看了我的文章之后对我说了一番话,令我醍醐灌顶，茅塞顿开。他说："你的文章写得还不错，但取材太过陈旧。像如何培养审题能力、如何引入新课等话题，别人已经谈得非常多，也研究得很深，我们再谈这些话题就失去了意义和价值。"原来，光练就一支笔杆子还远远不够，不是把自己的观点讲清楚讲明白就是好文章。一篇好文章应该给人以新的启悟，那才是文章的核心价值。

道理想明白容易，做起来难。作为一个工作经验尚不足的年轻教师，我了解的其他人大多也都知晓，要开辟一块写作的"处女地"谈何容易。还是一次次深入地磨课带给了我意想不到的新发现。磨课过程虽然辛苦，但试教过程中的每一次深入思考，都会带给我不一样的新鲜思路。对教材的深入解读，对教学流程的大胆设计，都是不可多得的有价值的写作材料。因此，每经历过一轮磨课，内心里就会涌起强烈的动笔欲望，也因此写出了一些自己比较满意的文章。

2011年，我执教"24时计时法"一课参加全省赛课，磨课前后历经一个多月时间，并最终获得了省一等奖第一名的好成绩。比赛归来，我翻出九次修改的教案，并进行了梳理。我发现在整个磨课过程中自己弯弯绕绕，尝试了各种教学方案，但最终又回到了原点，走了一条向儿童需求回归的道路。一开始磨课的出发点是如何求新、求变、求异，但随着磨课过程的逐渐深入，我改变了这种观念。教学不是哗众取宠，并非标新立异、独树一帜的做法就是最佳做法。判断教学方法的优劣，最终还得看是否符合学生的认知需求。明白了这点，我撰写了《向"儿童需求"回归》一文，并很快在 CN 刊物上发表。同样的，执教"平移与旋转"一课，我撰写了《找准"症结"，"对症"开方》一文；执教"平行与垂直"一课，我撰写了《从学生的认知需要出发》一文；执教"长方形和正方形的认识"，我撰写了《在新知增长点上着力》等等。边磨课，边思考；边思考，边撰文。正是在这样一个良性循环中，自己的执教能力、撰文能力都得到了较大程度的提升。

每当有文章见诸报端，我都会收到同事、朋友甚至未曾谋面的同行的回音，或祝贺，或交流，或建议。在那个时候我总是深刻地体会到，教育写作的意义不全在职称晋升或某些功利性诉求，更重要的是可以将自己教学中的所思所想传播开来，与同行共享，并进行更深度的交流。这种交流总是带给我教学之外的不一样的快乐。

教学研究——从"大题小做"向"小题大做"转身

最近看到好友微信朋友圈中的一句话："日复一日，年复一年，重复着同样的工作，何时是个头！"备课、上课、批改作业……繁琐重复的工作程序，很容易让教师陷入职业倦怠的泥沼。循规守旧，自然觉得无趣。如果能在教学中进行课题研究，就会发现其中大有文章，教学工作也会变得有滋有味。

从教第四年，因为学校成功申报了国家级课题，自己也一脚迈进了课题研究的行列。尽管对"课题研究"的认识还很模糊，但在课题主持人陈志良校长的带领下，自己一边学习一边摸索，也进行了一些现在看来略显幼稚的研究。研究过程虽显表浅，但这个"试水"的过程却让自己受益匪浅。

2011年暑假，作为厦门市学科带头人培养对象，我前往华中师范大学进行了为期一个月的学习培训。在导师周东明教授的指导下，我开始重新选择课题研究的方向。由于之前所参与的是"大课题"研究，研究过程中我常常陷入茫然无绪的境地，总有一种"不能胜任"的挫败感。经过这一个月的学习，我一改"大课题才是课题"的认知误区，真正认识到了研究的意义。原来，研究无处不在，平时所开展的一些磨课活动也是课题研究。如果能从与教学实践密切相关的小切入点着手，这样的研究将更有可行性，也更具价值。经过一番思量，我选择了"小学数学五年级典型错例成因分析及教学对策"作为研究课题，并在回校之后开始了研究工作。由于选题小，并且与自己的教学工作紧密相关，我体会到了与以往截然不同的研究感受。

时隔一年，因为被确定为厦门市专家型教师培养对象的缘故，我又一次迈进了大学的校门，来到了华东师范大学进行为期三个月的研修，这次研修的主题正是课题研究。在这次研修中，我跟随着导师金忠明教授系统地学习了课题研究方法。从选题到文献综述，从制订课题研究计划到进行开题论证，每一步于我而言都是新鲜的，也是艰辛的。我对正在实施的课题"小学数学五年级典型错例成因分析及教学对策"进行了丰富和调整，计划利用三年时间，开展"小学数学作业错例管理策略的实践研究"的研究工作。这个课题后来被确认为"福建省教学科学'十二五'规划2014年度课题"。

时至今日，这个课题的研究工作已开展四年有余。我和团队伙伴们专注于学生错例管理的研究，对于"采用怎样的错例管理方式最恰切""如何从学生的错例中进行分析并提出教学对策"等问题有了更多的体会和感悟，自己撰写的课题论文也陆续在 CN 刊物上发表。导师金忠明教授在听了我的课题工作汇报之后说："我希望你对这个课题进行更深入的实践探索，将来成为一定区域内甚至全国范围内错例管理的专家。"这句话令我感动不已，更增添了继续前行的动力。课题研究可以使我们逐渐摆脱"匠气"，实现从"教书匠"向"研究型教师"的转变，使我们的教学工作更富有创造性和价值。

十七年的从教时光，褪去了我身上的懵懂与青涩，使我在教学路上走得更加自信和从容。在成长的路上，幸得诸多良师耳提面命、许多伙伴携手同行，使自己在一次次实践摸索中不断有所体悟，有所进步。我还将继续行走，并期待着未来满径花香。

成长没有捷径

2016 年元旦，阳光格外温暖明媚。我在微信朋友圈里写下了这样一段话："2015，经历了不曾预见的经历，收获了不曾预见的收获，人生的奇妙大抵如此。2016，阳光晴好，一路欢歌。"

熟悉我的朋友们都戏称，2015 年是我的"大满贯"年。我不敢说得了什么"大满贯"，但 2015 年我确实经历了许多磨练，在教师专业成长方面实现了质的蜕变。连续两次参加福建省小学数学赛课获得一等奖及特等奖，代表福建省参加全国小学数学赛课获得一等奖，参加福建省第三届教师教学技能大赛获得一等奖，参加厦门市教学创新大赛获得一等奖……平凡无奇的我，一夜之间开始为人所知。在前往黄山开课的动车上，有陌生的老师主动和我打招呼，并为我加油打气；在等待上课的会场，有可爱的小老师忽然跑过来对我说："洪老师，你是我的偶像。"在短短的几个月时间里，各种荣誉纷至沓来，溢美之词萦绕耳边。这一切不在我的计划之内，但它真实地发生在我的生命里，让我来不及欣喜，来不及回味。张爱玲曾说："出名要趁早，来得太晚的话，快乐也不是那么痛快了。"35 岁的我在国赛和省赛的讲台上，在青春洋溢的年轻老师们中间，多少显得有些"迟暮"。如果张爱玲所言不假的话，我显然已经过了"出名"的最佳年龄。能在教学业务上最终获得这些肯定，我觉得自己十分幸运。然后，这份"幸运"的背后，还有着自己不为人知的曲折心路和努力付出。

让时光的指针拨回 2007 年。那个时候的我视"厦门市教学创新大赛"为教师综合素养的试金石，很想在这个平台上检验一下自己。经过区里的竞赛选拔，我如愿以偿得到了参赛的机会。当时，我执教的课题是"7 的乘法口诀"。入围市教学创新大赛，于我而言其重要性不言而喻。我尽自己的能力搜集资料，设计教学，反复试教，精修细改。谁料比赛前一天，由于午休时一时大意没有盖被子，醒来后我顿感喉咙烟熏火燎。当时心头一紧，心想大事不妙，立刻买来各种退火茶、润喉片轮番上阵，只想着赶紧把嗓子恢复了。比赛当天早上一醒来，话是能说了，只是声音嘶哑，声量很小，每说一句都有"刀割"之感。带着如此"富有磁性"的嗓音，我把心心念念的比赛勉强完成了。在这次比赛中，我与梦想中的一等奖失之交臂，获得了二等奖。遗憾自不必说，更懊悔的是没有保护好自己的嗓子，心里反复想着一句话："没有声音，再好的戏也出不来！"

2011 年，市里举办了首届教师教学技能大赛。与赛课不同，教学技能大赛涵盖了四个分项的比赛，对教师的考验更加全面，赛事的含金量也很高。因为是首届比赛，大家对比赛的内容、形式还比较陌生，参赛的老师心里大都没底，我也不例外。加之只有 60% 的老师能够获奖，自己心里暗自想着：能获奖就非常不容易了。我对比赛结果并没有报多大的期望，这种放松的心态反倒帮了忙，自己竟然获得了二等奖的第一名。虽然大大超出了预想值，但终究又和一等奖擦肩而过。

有了第一届技能大赛的"成功经验"和"略感遗憾"，当第二届教学技能大赛鸣枪开锣时，我的参赛心态发生了微妙的变化。虽然不敢明说，但心里却将目标直指"一等奖"，更希望能借由市赛的平台成功走向省赛的赛场。原打算在比赛中大展拳脚，谁料到片段教学比赛中，自己竟然"忘词"。在那"卡住"的令人尴尬的两三秒内，自己真想钻进地缝里。更糟糕的事情还在后头。在"解题比赛"中，试卷上仅有的四道题目，有一道自己竟然解答不出来。越是急得汗如雨下，越是找不到解题思路。毫无疑问，当天的比赛成绩不尽理想，自己勉强挤进了三等奖的行列。为此我还难过了好一会儿，掉了眼泪。

在成长黄金期的两三年内，自己在比赛中屡屡受挫，我和闺蜜笑言"自己是千年老二、千年老三"。年少气盛的我，很自然地将原因归结在"嗓子坏了""运气不好",很是为自己愤愤不平。今天想来,果真是因为这些外在因素导致自己接二连三地比赛失利吗?其实不然。那时的我对怎么设计一节课、上好一节课还不甚了解,上课还停留在模仿的阶段;教学技能方面虽然学了一些形式上的皮毛,但真正的内在素养还非常缺乏。没有自身内在素养的丰盈,所谓的"成长"只是表象,经不住各种推敲。要想进步,只能静下心来,从修炼内功开始。

　　研修的路是艰辛而漫长的,我从最平常不过的"备课"开始了研修之旅。如何独立备出一节好课?对一个教龄十年的老师而言这看似是一个再简单不过的问题,其实不然。教材的解读是否准确,学情的了解是否深入,教学的设计是否符合学生认知规律……这些对教师都有着严苛的要求。没有真正潜下心来研究,平时的教学只能停留于表浅,除了带给孩子们书本知识之外,难以给孩子们更多受益终生的影响。我以"周长"一课为抓手,开始了一次深入的备课。在研读课标要求、分析教材、阅读教学用书的基础上,我找出了人教版、北师大版、苏教版、台湾南一书局版、康轩文教版等多种版本的教材,力图通过不同版本教材的编写,更加深入地挖掘"周长"这节课的本质内涵。担心自己对教材的理解出现偏差,我翻阅了《辞海》,找出"周长"一词的概念细细品读;找出《小学数学研究》等专业书籍,查看里面对"周长"一课的解读及教学建议等。经过这一番研究,我并没有"拨云见日"的畅快感,相反的,我对"周长"一课的教学更困惑了。我梳理了课中自己不解的7个问题,开始一次比较大范围的问卷调查。我在本校及区内的几所兄弟学校发放了问卷,调查身边的一线教师对这节课教学的一些看法;自己所认识的前辈、专家、名师寻求帮助,请他们对自己所困惑的问题做出解答;甚至冒昧地向QQ群里的不认识的外地市老师们也发放了问卷,想在更大范围内得到更多的反馈。幸得专家前辈同仁们的大力支持,我回收了近百份问卷,并逐一认真阅读,从中厘清了自己的很多困惑和不解,教学思路逐渐清晰。此外,我进行了一次文献综述,查阅了知网上几十篇关于"周长"的教学文章,从他人的教学设计中汲取了许多灵感和营养。经过一两个月时间的前期准备以及几周的试教研磨,一节带着"强烈个人色彩"的"周长"课最终呈现在了大家的面前,并得到了听课老师们的肯定与好评。这次备课于我而言是一次全新的体验。它让我从"模仿"走向了"自创",从"表浅"走向了"深入"。我们不可能在每节课的设计上都经历这样一个过程,但这一次备课为我打开了一扇窗,让我看到了许多以前未知的风景,也让我对如何备好一节课有了全新的理解和感悟。

路是一步步走出来的。这几年,我参加了厦门市学科带头人和专家型教师培养对象的培训,先后几次前往华中师范大学、华东师范大学进行研修。在繁忙的工作中得以抽出个把月时间在大学校园里心无旁骛地学习,实在是一种大大的福利,我也倍感珍惜。在大学校园里,我聆听了来自专家的前沿讲座,跟随着导师学习课题研究,浸泡在图书馆里大量翻阅资料……每天大容量的补充,使自己深有一种"海绵吸水"的感觉。在参加培训的三年期间,我经常前往各个区进行公开课教学,进行各种主题的讲座。下课之后,经常有些听课老师上来与我攀谈,表达对我的肯定和感谢。每当这个时候,我总是在想,该感谢的人是我。正因为有了这样的平台,使得自己更有动力研究新课,更加注重收集整理平时所思所悟,更有机会得到他人的建议和反馈。一次次地外出送教,正是不断锤炼自己的过程。

我们一路行走,却永远不知道下一个拐弯将遇到什么。当2015年的各种参赛机会再一次来到我面前时,我心里是犹豫的。先前的几次"失利",在我心里投射了一些阴影,我不禁问自己:"你行吗?"然而,我心里又是淡然的,以前各种私心杂念似乎都已消散,自己更能以一种平和的心态迎接每一项新的挑战。虽然舞台更宽了,赛场更大了,但我却没有了胆怯和不安。接二连三的比赛中,只有意想不到的惊喜,再没有突然而至的意外。是长时间的不断学习和自我修炼,使我的心更加沉稳而自在。一点一滴的积累,也给自己带来了专业上的未曾意料的进步。

比赛归来,我和闺蜜分享着甜蜜的喜悦,自嘲道:"好像有点摆脱'千年老二'的阴影了呢。"这当然只是一句玩笑话,因为我心里深知,前行的路还很漫长,自己只不过站到了一个新的起点上。烫金的奖状只是辛勤付出的附加值,生命的拔节生长才是真正让人快意的地方。成长没有捷径,愿我们一起努力,一路同行。

"40 分钟" 的背后

细数时光的脚步,不禁对岁月的悄然流逝心生感慨。第一次站上讲台时的手足无措仍历历在目，一转眼我已经在三尺讲台上度过 20 个春秋。今天的自己早已褪去了初为人师时的惶恐不安，在课堂上颇显游刃有余，泰然自若。然而，夜深人静之时扪心自问，我真的懂得如何备好一节课了吗？每当思考这个问题，我便陷入深思和隐隐的不安。

还记得刚开始工作那会儿，我对如何备一节课还处在模仿的状态。虽然在师范就读时，我们学习过"数学教学法"，但真正进入课堂时我才发现，求学时代所学的东西忽然之间没了用武之地，教学经验空白的我找不到课本理论和课堂实践沟通的桥梁。慌乱不安之中，自己只能尽可能地找来优秀教案，上网搜索别人的教学设计，然后"依样画葫芦"，照着上面的步骤一步一步在课堂上实施。在那个时候，自己只是一味地模仿，连"教学用书"这样重要的工具书也束之高阁。可想而知，当时的教学只能勉强教会孩子们"是什么"，而教不了孩子们"为什么"和"怎么学"。

当在教学实践中渐渐摸着上课的门道后，我开始感觉到了"模仿式课堂"的局限和弊端：能模仿他人上课的"形"，却无法理解每一个教学动作背后的意图。教学时我总感觉是"踩着西瓜皮——走到哪溜到哪"，被学生"牵着鼻子走"的事情更是时常发生。缺少对教材的解读、对教材编写意图的领会，课堂教学效果便无从谈起。看来，要备好一节课，还需要从读教材起步。被我"冷落已久"的"教学用书"，逐渐成了我备课的案头工具书。理解了每一个例题的编排意图、每一道习题的练习要点之后，我开始了独立备课之旅。虽然起步时，课备得比较粗糙，但在课堂上我却比以前更加充满底气，教学效果也有了明显的提升。

课堂教学是检验备课的最佳方式，而公开课、赛课等更广阔的平台更是成为我检验备课效果的试金石。2011 年，我执教"24 时计时法"一课参加福建省小学数学赛课活动，历经一个月的磨课过程，自己的教学思维也发生了巨大的转变。最初设计教学时，为了能在比赛中"出彩"，我的备课思路直接奔向求新求异、博人眼球。课伊始我设计了"小河流水"的美妙意境，旨在将时间长河与小河流水做类比，引导学生在优美的流水声中初步感受时间的流动性、连续性和不可逆性；课中间，我精心设计了一个激发学生探究欲望的环节——通过感受一天 24 时的时间流动，发现钟面上两圈的时刻有重复，从而产生区分两圈时刻的需要，自然引出两种计时法；课末，为了让"两种计时法的转化"这个教学环节拥有更富生活气息的教学载体，我四处搜寻各种广告牌、营业时间牌、电影票、动车票等，将之拍摄下来作为学生进行两种计时法转化的素材。前期工作可谓"煞费苦心"，我也满心以为一定能在教学中获得预期的效果，可是试教之后却让人大失所望：学生学习兴趣寥寥，课堂沉闷枯燥，学习效果不尽如人意。

看似精致的教学设想，在课堂实施过程中为何"屡屡碰壁"呢？在与团队里的伙伴们研讨后我发现，"症结"就在于这些环节设计的初衷来自教师的需要，而没有考虑到学生学习的需要。当一节课的设计是以教师为出发点的时候，怎么能得到学生的积极回应？遭到冷遇也就在情理之中了。教学应该为学生服务，遵循学生的认知规律，沿着学生的认知路径拾级而上，才可能成就灵动活泼的数学课堂。因此，我将教学设计调整了方向。课始的引入由抽象的"小河流水"改为了学生们非常熟悉的生活场景——两个孩子由于相约的时刻"7时"没有表述清楚，导致等不到人，由此产生了与计时法有关的疑问。这样的引入贴近学生的生活实际，他们感觉到很亲切，容易引发共鸣；教学"24时计时法"时，我不再对学生"生拉硬拽"，而是顺着学生的思维走向，在关键节点"13时"上做文章，直接进入24时计时法的学习；课的最后一个环节"两种计时法的转化"，我将各种静态的营业时间、动车票等改为了学生们喜闻乐见的电视节目片头视频，这样的设计立即点燃了学生的学习热情，后续的学习变得生动而流畅。当教学设计的指向从教师转向了学生，课堂立刻呈现出了截然不同的教学面貌。从学生的认知需要出发，让教学更好地为学生的学习服务，这正是这次磨课带给我的教学思想上的冲击。

当教学走向"为学生服务"之后，课堂上师生互动愈发热烈，学生参与学习的热情高涨。在欢喜之余，我又陷入了新一轮的思考：学生积极参与了课堂学习，而为师的我们该为学生提供怎样的"学习大餐"呢？只有把握好教学的"度"，抓住数学本质进行备课，才不辜负学生对学习的投入和付出。2015年，我和团队伙伴们开始备"认识小数"一课，从中又获得了新的启悟。三年级教学"认识小数"，四年级教学"小数的意义"，两个年级对小数的认识分界点在哪儿？教学如何做到"到位而不越位"？这些都是老师们在教学实践中时感困惑的问题，也是备课之初我思考的着力点。在对比了三、四年级教材，仔细阅读了三年级教材的例题和练习之后，我们有了新的发现。原以为三年级对小数的认识必须依托在"米"和"元"等"量"的支撑上，我也一直认为这就是三、四年级对小数的认识的重要区别，可在课后习题中，出现了方格图、数线图等半直观模型，这说明了三年级对一位小数意义的理解要经历从"有量"到"无量"的抽象提升，这是对小数的初步认识的必然要求。过去，我们对教学的"度"的把握，很多时候来自于经验，但这中间很容易产生误差。把握教学的"度"不能凭感觉，也不能依靠教师之间的"口耳相承"，而应该建立在教师精准的教材解读以及深入的教学思考之上。只有自己用心去揣摩，去思考，去甄别，才能准确拿捏，合理定位。

如果说教学的"度"是一节课的落脚点的话，那么教学该从哪个起点出发，便是教师需要进一步思考的问题。总是将学生定位为"零起点"，重复学生已知的内容，很多宝贵的课堂教学时间将白白流失；忽略了学生的"已有经验"，就会徒增许多学习障碍和困难。在信息技术飞速发展的今天，学生们已经能从各种渠道获取知识，形式多样的社会实践活动也带给了他们较之以往更为丰富的生活经验，他们在进入课堂之前已经具备了不同程度的先知基础，这成了我们备课时需要考虑的重要因素之一。在研读了"认识小数"一课的教材之后，我开始了对学生学情的前测。学生在生活中积累了比较丰富的关于小数的生活经验，他们在购物时经常能接触到小数，对以"元"为单位的小数特别熟悉。一大部分孩子已经能认得小数，会读写小数，这是孩子们的知识基础。教学时我们应该抓住学生的学习起点，学生们已经掌握的简单带过，学生们一知半解、感到困惑的才是我们教学中应当着力的部分。以往教学"认识小数"这节课时，"讲授"的味道比较浓，常常是由教师告诉孩子"$\frac{1}{10}$米还可以写成0.1米"。但通过学情前测我发现，学生对于"0.1"的意义并非一无所知。当教师给出"0.1元"时，学生们都能不假思索地说出"1角"。如何充分地利用学生的已有基础，变被动讲授为主动探究，成了我进一步设计教学时思考的问题。我以"0.1元"为突破口，通过"1元＝10角"的单位换算，沟通"1角"和"$\frac{1}{10}$元"的相等关系，从而架起"0.1元"与"$\frac{1}{10}$元"之间的桥梁。接着，学生们通过推理推出了"$\frac{1}{10}$米＝0.1米"，并进而认识了"0.2米、0.3米……"等小数。这样的设计，充分激活了学生的已有生活经验，使之成为孩子们主动学习的引擎，成就了一堂学习自主、气氛活泼、思维活跃的好课。

  每深入研磨一节课，都会为我开启了一扇认识教学的窗。对教材的深入解读、对教学目标的准确定位、对学情的充分了解、对学生学习规律的掌握……这些正是隐藏在"40分钟"背后的学问。而这些"学问"并不是散落在各处的"珍珠"，它们彼此相辅相成，不可分割。研读课标、解读教材可以为我们设定教学目标提供准确可靠的依据；合理的目标定位能够使我们的教学指向明确，简约高效；对学情的充分了解，使得我们的教学设计更加地贴合学生，教学目标得以更好地实现……看起来"相似"的课堂，由于不同的前期备课，带给孩子们的知识技能和长远影响可能差之千里。回顾自己从教以来的点滴，走过机械模仿的弯路，走过迷茫困惑的泥沼，正是一次次的思考和研磨，令我对如何备好一节课产生了更深的理解和体会。日常教学中，我们不可能做到课课深入研磨，但这些磨课过程中积累下来的点滴思考，帮助我形成了如何备课的意识，这是积淀在我教育人生里的宝贵财富。

  "40分钟"的背后有什么？我似乎找寻到了其中的蛛丝马迹，但觉得这还只是其中冰山一角。正因为其背后的学问那么深远，才使得我们的教学工作如此有滋有味，也吸引着我为之不断探索，永远追寻。

后　记

想写一本书的念头产生于多年之前，却迟迟没有动笔。一是对个人写作能力的信心不足，虽然有一些论文在 CN 刊物上发表，但觉得自己还没有到著书立说的水平；二是对个人教学水平的信心不足，虽然已经在国赛、省赛中获奖，但担心自己所总结的经验对别人的借鉴价值不大。因此，写书的念头也只是偶尔在脑海里飘过，一直没有付诸实践。2016 年 12 月，我被确定为福建省第二届中小学教学名师培养对象，开始了为期三年的研修。在导师的悉心指导下，我确定了"思辨数学"的教学主张，开始了相关的研究工作，也开始了这本书的构思和撰写。

与其说这本书用一年时间写成，倒不如说它是我用了十几年的教学时光写成的。《思辨式数学课堂》是对自己 21 年教学实践的梳理和提炼，书中所选的 10 个教学课例，也是自己多年来教学实践的结晶。比如，"认识小数"一课曾在 2015 年获得第十二届全国小学数学赛课一等奖，另有多节课在福建省小学数学赛课中获奖。在这些课例的磨课过程中，自己对如何在数学教学中培养学生的思维能力有了更多的思考与研究，也撰写了不少相关的文章。这些都是本书撰写的重要基础，也给了我更多完成这本书的信心。

一个人的成长离不开团队的支持和贵人的帮助。在教师专业成长道路上，我一直是个"幸运儿"。无论是"小中高"职称评聘，确定为福建省教学名师培养人选，还是获得省特级教师荣誉，我总是被冠以"最年轻"的前缀。这其中除了个人的努力之外，很大的一部分原因还在于我在成长路上遇到了许多好师傅。当磨课时遭遇挫折、遇到瓶颈，有师傅在一旁点拨指导；当抓耳挠腮写不出一篇好论文时，有师傅及时指点迷津；当对前路感到迷茫看不清方向时，有师傅开导鼓励；当自己为了某一个目标奋力拼搏时，有师傅在背后默默支持。笔落至此，脑海里浮现出了一个个可敬又可爱的面孔，是我的师傅们，把我从懵懵懂懂的小老师培养成了能够独当一面、对教学有一定理解和把握的成熟教师。限于笔墨，无法一一陈述师傅们给予我的帮助和指导，这份感恩永远深植于心。

参加福建省教学名师培训的三年，也是自己脱胎换骨得以蜕变的三年。在过往的教学中我积累了不少教学经验，也时常思考教学如何改进，但也仅止于经验层面，难以突破发展瓶颈。在福建师范大学培训的三年时间，在余文森教授带领的导师团队的指导下，我深度梳理了自己过去的教学经验，不断探寻教学现象背后的"为什么"，努力实现从经验向理论的跨越和提升。尤其感谢我的导师钟建林老师和王珍老师，在这本书的撰写过程中，给予我许多具体的详尽的指导，帮助我完成了这本书的撰写，使我有决心将多年来悬而未决的心愿实现。

当然，限于个人能力，这本书还有许多不足之处。在撰写的过程中，我也时常感到力不从心，难以达到令自己满意的效果。这也提示自己，今后还要继续加强理论学习，不断提升理论涵养，能够更好地以理论来指导实践，将实践提升为理论。希望亲爱的读者们在阅读这本书的过程中，能够多提宝贵意见，帮助我不断修改和补充这本书，使它更充实更完善。

再次致谢在撰写这本书的过程中所有帮助过我的人，谢谢你们！

洪菲菲

2020 年 2 月于厦门